जुगनी

[कहानी संग्रह]

जुगनी

भावना शेखर

राजकमल प्रकाशन
नयी दिल्ली पटना इलाहाबाद

मूल्य : रु. 150.00

पहला संस्करण : 2009
पहली आवृत्ति : अक्टूबर, 2009

प्रकाशक : राजकमल प्रकाशन प्रा. लि.
साइंस कॉलेज के सामने, अशोक राजपथ
पटना-800 006

प्रधान कार्यालय : 1-बी, नेताजी सुभाष मार्ग, दरियागंज, नई दिल्ली-110 002
शाखा : पहली मंजिल, दरबारी बिल्डिंग, महात्मा गांधी मार्ग, इलाहाबाद-211 001

वेबसाइट : www.rajkamalprakashan.com
ई-मेल : info@rajkamalprakashan.com

आवरण : लाल रत्नाकर

मुद्रक : बी.के. ऑफसेट
नवीन शाहदरा, दिल्ली-110 032

JUGANI
Short Stories by Bhavna Shekhar

ISBN : 978-81-267-1758-3

परमादरणीया सासु माँ

श्रीमती कुसुम देवी

को

जो मेरे प्रथम श्रोता एवं प्रेरक सहधर्मी

की

निमित्त कारण भी हैं, उपादान कारण भी

प्राक्कथन

जब भी मन के बन्द कमरे में अकेले कुछ गुनती हूँ, लगता है, छत पर कोई नंगे पाँव चहलकदमी कर रहा है। कानों को उन कदमों की आहट मिल ही जाती है और फिर उभरने लगते हैं कुछ रेखाचित्र, जो सीढ़ियाँ उतरकर मेरे कमरे में दाखिल होते हैं और मेरी आँखों के समक्ष जीवन्त हो उठते हैं—कुछ परिचित, कुछ अपरिचित। मैं हाथ पकड़कर उन्हें पास बिठाती हूँ, फिर वे बोलते हैं और मैं लिखती हूँ—यूँ जन्म होता है शब्दचित्रों का...मेरे पात्रों का...।

प्रिय पाठको! मेरा यह नवीन कथा-संकलन आपके हाथ में है। इन कहानियों के पात्रों से मेरा साँसों का सा रिश्ता है। बहुतों के साथ मैं पली-बढ़ी, कुछ छूट गए, कुछ ने छोड़ दिया। मैंने इन्हें शब्दों की बेड़ियों में बाँधने की कोशिश की है ताकि आपसे मिलवा सकूँ। नहीं जानती, ये आपके मानसपटल पर कोई छाप छोड़ेंगे या नहीं, पर मैं इनके साथ पिछले आठ-दस महीनों से जी रही हूँ, उठ-बैठ रही हूँ, जाग-सो रही हूँ।

मेरी अधिकांश कहानियों में नारी पात्रों की ही प्रधानता है। एक स्त्री होने के कारण कदाचित् नारी-मन की थाह लेना मेरे लिए सुलभ है, नैसर्गिक है। मेरे पाठक एकरसता से ग्रसित न हों, अतः पात्रों के विन्यास में विविधता का समावेश करने का प्रयास किया गया है।

मेरी पुन्नो विलासी है तो नैना त्याग की पराकाष्ठा, विशाखा वंचना

से अभिशप्त है तो वृन्दा संघर्षों की विजेत्री। निरीह गोगो का जीवन पतन की पीड़ा से परिपूरित है तो अम्बा और जुगनी में जिजीविषा कूट-कूटकर भरी है। अम्बिका सामाजिक दायरों में जीने को विवश है तो नीलांजना समसामयिक चुनौतियों से जूझते हुए क्षितिज में पंख फैलाती है।

मेरी अभिलाषा है कि अपनी प्रिय क्रीड़ास्थली शब्दों के संसार में सतत विचरा करूँ। इस कथा-संकलन के निर्माण ने मेरी लेखन-पिपासा को उद्‌बुद्ध कर और भी उत्कट बनाया है। सुधी पाठकों के आशीर्वाद और शुभकामनाओं की आकांक्षी हूँ। विद्वत्जनों की आलोचना मेरी रचनात्मकता को प्रशस्त करेगी, मेरी क्षुद्र लेखनी को ऊर्जस्वित करेगी।

प्रतिक्रियाओं की प्रतीक्षा में—

भावना शेखर

सी/43, जगत अमरावती
बेली रोड, पटना-800001
दूरभाष : 0612-2239765
ई-मेल : bhavna_shekhar@sify.com

शुभकामना

साहित्य की दुनिया की परम्परा के अनुसार नवप्रवेशी की कृति का पहले स्वागत किया जाना चाहिए, बाद में आकलन-मूल्यांकन। नामवर आलोचक भी मानते हैं कि ताज़ा अँखुए का कद नहीं नापना चाहिए। नए लेखक के लिए अच्छी या खराब दोनों ही टिप्पणियाँ खतरनाक हो सकती हैं। हर अच्छी रचना अपना बयान स्वयं देती है और श्रेष्ठ रचना तो आलोचना को भी अतिक्रमित करती रही है। प्रस्तुत संग्रह की कहानियाँ भी रचनाकर्त्री के मानस से मुक्त होकर अब पाठकों की अदालत में खड़ी हैं—अपना बयान देने हेतु प्रस्तुत।

मैं डॉ. भावना शेखर की इस कोशिश का स्वागत करते हुए कामना करता हूँ कि भविष्य में भी संयोगों और सपाटबयानी से बचते हुए 'गोगो' तथा 'इसकी माँ बनोगी' जैसी सार्थक और परिपक्व कहानियाँ लिखती रहें। हर नई रचना के साथ स्वयं को अतिक्रमित करने का यत्न करती रहें, क्योंकि हर रचनाकार की होड़ सर्वप्रथम अपने आप से ही होती है।

शुभेच्छाओं के साथ—

राकेश कुमार सिंह
प्रखर प्रतिष्ठित कथाकार
एवं व्याख्याता (रसायन विभाग)
वीर कुँवर सिंह विश्वविद्यालय, भोजपुर

अनुक्रम

जुगनी

इसकी माँ बनोगी

जयदीप सिन्हा, इलाहाबाद यूनिवर्सिटी में इतिहास के प्रोफेसर, ख्यातिप्राप्त मुखर वक्ता, स्पष्टवादी और हँसमुख।

अट्ठावन की उम्र तक सदाबहार दिखते थे। हर वर्षगाँठ पर बड़ी सफाई से बुढ़ापे को चकमा देते और अपनी उम्र से दस साल छोटे प्रतीत होते। पर पिछले साल पत्नी का देहान्त क्या हुआ, जयदीप के बालों की सफेदी प्रकट होने लगी और क्लान्त मुखमंडल पर झुर्रियों का जाल भी विकराल होने लगा। जिस संगिनी के साथ उम्र के बत्तीस वसन्त गुजारे, उसके बिना जीवन बारहमासी पतझड़ हो गया। किसी तरह कॉलेज जाते रहे पर रिटायरमेंट के बाद तो उनकी कमर ही टूट गई। हुआ यूँ कि यूनिवर्सिटी के कैम्पस का बँगला छोड़कर उन्हें शहर के बाहर अपने फ्लैट में जाना पड़ा, जहाँ दोनों विवाहित पुत्र पिछले पाँच वर्षों से रह रहे थे। पिता के आने से उनके व्यवस्थित जीवन में व्यवधान पड़ा, जिसकी प्रतिक्रिया तीन-चार माह बाद ही होने लगी।

दोनों बहुएँ पढ़ी-लिखी होने पर भी नौकरी नहीं करती थीं। पति बहुराष्ट्रीय कम्पनियों में सेवारत थे। बच्चों को स्कूल भेजने के बाद दोनों सैर-सपाटे, जिम, किटी पार्टी और शॉपिंग पर निकल जातीं। ससुरजी की सेवा उनके सामाजिक जीवन में खलल डालने लगी। छोटी-मोटी खिटखिट होने लगी—फिर झल्लाहट और धीरे-धीरे वाणी के तीखे प्रहार...।

“ओह, ये रोज अखबार का बीचवाला पन्ना कहाँ गायब हो जाता है?” बड़े पुत्र सुदीप ने झल्लाकर पूछा।

“मुझसे क्या पूछते हैं? अपने पापाजी से पूछिए। जब देखो, उन्हें ‘एडिटोरियल’ पढ़ना होता है...और पढ़ते-पढ़ते वहीं कहीं बालकनी या अपने बेडरूम में छोड़ दिया होगा।” बहू मंगला मुँह बिचकाकर बोली।

गुनगुनी धूप में आरामकुर्सी पर बैठे जयदीप की अखबार पढ़ते-पढ़ते आँख लग गई थी। बहू की तीव्र वाणी ने तन्द्रा तोड़ी तो हड़बड़ाकर उठ बैठे।

एक दिन छोटी बहू सुनयना की कर्णभेदी ध्वनि अपने कमरे में आराम कर रहे जयदीप को सुनाई पड़ी। साथ ही पोते अनुनय का क्रन्दन...। वे खुद को रोक नहीं पाए। पैरों में स्लीपर डाले बाहर चले आए।

सुनयना रौद्र रूप धारण कर अनुनय का कर्णमर्दन कर रही थी, साथ ही थप्पड़ों की बरसात।

“दादा जी...” उन्हें देखकर अनुनय और भी गला फाड़कर चिल्लाने लगा।

“सुनयना! यह क्या पागलपन है? बच्चे को मार डालोगी क्या?” जयदीप ने सख्ती से कहा और अनुनय को खींचकर अपनी शरण में ले लिया।

“हाँ-हाँ, जान ले लूँगी...न पढ़ाई, न लिखाई...जरा रिपोर्ट कार्ड तो देखो...तीन सब्जेक्ट्स में रेडमार्क...मेरी तो नाक कटवाकर रख दी है नालायक ने...”

“अरे बहू, अब बस भी करो! अगली बार अनुनय खूब पढ़ेगा और कक्षा में अव्वल आएगा...है न, बेटा,” अनुनय को पुचकारते हुए जयदीप बोले—“और मैं हूँ न, मैं अपने लाड़ले को खूब पढ़ाऊँगा।”

“बस, बस...आप पढ़ाएँगे...हूँऽऽऽ! आपके कारण तो यह दिन देखना पड़ रहा है—कभी बेडमिंटन, कभी शतरंज, कभी टी. वी. तो कभी टेनिस, न वक्त पर सोता है, न खाता है...सारा शेड्यूल गड़बड़ और पढ़ाई का सत्यानाश...पहले हमेशा अपनी क्लास में अंडर टैन आता था...”

जयदीप ने सौम्य और शालीन पत्नी के साथ एक सुसंस्कृत और

शानदार जीवन बिताया था। इस तरह का अनर्गल और अप्रिय माहौल उन्हें गवारा न था। एक साल होते-होते जयदीप को अपने घर में रहना दूभर हो गया। जिस खूबसूरत फ्लैट को उन्होंने मेहनत-मशक्कत और चाव से बनवाया था, उसी में आज उनका उठना-बैठना बहुओं को रास नहीं आ रहा था।

जिन्दादिली की मिसाल जयदीप सिन्हा अपने जीवन की इन तब्दीलियों से अकसर क्षुब्ध रहने लगे। मुखरता ने चुप्पी साध ली। उनका सार्वभौमिक व्यक्तित्व अपने कमरे के एक कोने में सिमट गया। चारों ओर बिखरी किताबों की तरह उनका जीवन भी बेतरतीब हो गया। केवल दीवार पर टँगी दिवंगत पत्नी मालती का मुस्कुराता चित्र उनके संतप्त हृदय को किंचित् शीतल करता।

एक दिन पत्नी के हिमायती पतियों ने पिता को आँखें क्या दिखाईं कि जयदीप मर्माहत हो उठे, सब्र का बाँध टूट गया और क्रोध का ज्वार फूट पड़ा। उन्होंने ऊँचे स्वर में घोषणा कर दी कि वे अपना इन्तजाम कर लें। कहीं और जाकर रहें।

उस शाम वे मालती के चित्र के सामने घंटों बैठे रहे और जीवन में आए इस झंझावात में स्वयं को संयत करने का प्रयास करते रहे। मन ने विचारों के अतल सागर में डूबते-उतराते उन्हें एक निर्णायक बिन्दु पर ला खड़ा किया।

कुर्सी से उठकर वे बिस्तर पर जा लेटे। आँखें मूँद लीं और पत्नी से वार्तालाप करने लगे :

'मालती! तुम सुन रही हो न, कल मैं अपने दोनों बेटों को उनका हिस्सा दे रहा हूँ...उस शहर के बाहरवाले बारह सौ गज के प्लॉट में, जो आज लाखों का होगा, जी में तो आता है कि किसी ट्रस्ट को सौंप दूँ , इन निष्ठुरों को एक पाई न दूँ, लेकिन डरता हूँ कि तुम दुखी न हो...इन नालायकों के मोह में तुम्हारी आत्मा न तड़पे...मैं तुम्हारा अपराधी बनकर नहीं जी सकता...बस, यही सोचकर इन निर्मोही बेटों को यह सम्पत्ति दे रहा हूँ...।'

कभी-कभी टूटी रस्सी जोड़ने के लिए गिरह लगाकर कसने पर और

भी बुरी तरह से टूट जाती है, कुछ ऐसा ही जयदीप और उसके पुत्रों के बीच भी हुआ। जयदीप ने घर से निष्कासित बेटों को उनका जायज हिस्सा देकर पिता का कर्तव्य निभाना चाहा, पर घायल साँप के फन पर मरहम लगाना और भी घातक होता है।

बँटवारे के कागजात तैयार करने के क्रम में जयदीप को जीवन का सबसे बड़ा धक्का तब लगा, जब उन्होंने जाना कि उनके पुत्र निष्ठुर ही नहीं, छली भी हैं। उन्होंने धोखे से पिता की वह सम्पत्ति पहले ही अपने नाम करवा रखी थी।

खैर, घी गिरा तो दाल ही में...पर अब सब खत्म हो गया। जयदीप की अपने पुत्रों से रिश्ते की वह कमजोर डोर चरमराकर टूट गई।

हर रिश्ते की एक उम्र होती है—उन्होंने कहीं पढ़ा था और आज वे बिलकुल अकेले हो गए। ऐसे बेटों से तो बेटियाँ अच्छी—काश, उनकी भी कोई बेटी होती! आज बड़ी शिद्दत से उन्हें बेटी की कमी खलने लगी।

जयदीप सिन्हा अकेले जीने के आदी हो रहे हैं। पिछले माह शहर से बाहर एक निजी कॉलेज खुला, जिसका उद्घाटन प्रिंसिपल साहब ने आग्रहपूर्वक जयदीप से कराया था। अब वे चाहते हैं कि जयदीप आकर विजिटिंग फैकल्टी के रूप में कॉलेज में पढ़ाएँ। डेढ़ वर्ष हो चले हैं रिटायर हुए—पढ़ाने का अभ्यास भी छूट गया है, पर प्रिंसिपल व कॉलेज समिति के सदस्यों के अनुरागपूर्ण अनुरोध को वे टाल न सके और जंग लगे पहियों ने फिर से दौड़ने का फैसला किया।

धीरे-धीरे वे अपने पुराने काम में रमने लगे। सप्ताह में दो बार ही जाना होता था, अतः कोई विशेष दबाव न था, पर तीन-चार महीने बाद कुछ ऐसा हुआ कि अब उनमें रोज कॉलेज जाने की तत्परता जाग उठी। चिर अविवाहिता मिस चित्रांगदा बक्शी के साथ उनका परिचय प्रगाढ़ होने लगा और मन के सूने आँगन में अनायास एक कोंपल फूट पड़ी।

तीन महीनों बाद एक सेमिनार की अध्यक्षता का बुलावा आया। अब वे यदा-कदा इस तरह के प्रस्ताव स्वीकारने लगे थे। सेमिनार आगरा में था

पर नहीं जानते थे कि निकट भविष्य में होनेवाली भीषण रेल-दुर्घटना का संयोग इस सेमिनार से जुड़ा है।

वे रेल में सवार हुए। उनका सहयात्री एक सभ्य परिवार था, जिसमें पति-पत्नी के साथ एक आया और दो बच्चे थे। बेटा बड़ा था और शान्त था, किन्तु लगभग तीन वर्षीया बेटी बातूनी और चंचल थी। वह हाथ में पकड़े बिस्कुट का पैकेट जयदीप की ओर बढ़ाकर गोल- गोल आँखें नचाते हुए बोली—"दादाजी...।" जयदीप को यह अप्रत्याशित रिश्ता बहुत मीठा लगा। उन्होंने बाँहें फैलाकर उसे गोद में बिठा लिया। फिर तो उसने मौन बैठे उस परिवार का, अपना और अपने भाई का परिचय बिना पूछे ही दे डाला। उसे क्या पसन्द है, क्या नापसन्द...। दो घंटे तक वह जयदीप के पास ही उछलकूद करती रही। खा-पीकर सब सो गए पर कोई नहीं जानता था कि ट्रेन तेजी से काल के गाल में समाने जा रही है। अर्द्धरात्रि को दिल्ली से लगभग सौ-सवा सौ कि.मी. पहले ही रेलवे स्टाफ की लापरवाही से ट्रेन दुर्घटनाग्रस्त हो गई।

जयदीप मौत के मुँह से बचनेवाले चन्द खुशनसीबों में से एक थे, जो गम्भीर रूप से घायल हुए थे। उन्हें कलाई की हड्डी टूटने के साथ कुछ चोटें भी आई थीं। किन्तु अस्पताल में ही पता चला कि दर्जनों यात्री मारे गए। उनके डिब्बे के साथ अन्य दो डिब्बों में भी जान-माल की भारी क्षति हुई थी।

ऑपरेशन थियेटर से जब व्हील-चेयर पर बैठकर उन्हें वार्ड में ले जाया जा रहा था तो कॉरीडोर में रखे शवों की कतार में कुछ जाने-पहचाने चेहरे देखकर वे सन्न रह गए। उनके सहयात्री परिवार के सदस्य चिरनिद्रा में सोए पड़े थे। उन्हें वह नन्ही बच्ची याद आई जिससे कल रात पहचान हुई थी। मानो हवा का मीठा सा झोंका आया जिसके पीछे उठे बवंडर ने उन कोमल यादों को धूल धूसरित कर दिया। एक दीर्घ श्वास लेकर उन्होंने आँखें मूँद लीं। मन वैरागी हो चला।

इलाहाबाद लौटने पर दो सप्ताह तक वे कॉलेज नहीं गए। इस बीच चित्रांगदा ने उनकी देखभाल की। दोनों के बीच औपचारिकता की गाँठ कब खुल गई, पता ही नहीं चला। कॉलेज का मेलजोल मैत्री की पगडंडियों से

गुजरते हुए प्रणय के आँगन में उतरने को अकुलाने लगा।

एक रात जयदीप ने स्वप्न में देखा—वे अपनी क्यारी में गुलाब का एक नया पौधा लगा रहे हैं। न जाने कहाँ से मालती आई। अनुरागपूर्ण दृष्टि से उन्हें देखा और मुस्कुराते हुए पौधे में जल डालने लगी। जयदीप की आँख खुल गई और वे बेचैन हो उठे। सपने की घटना के मायने तलाशने लगे। खिड़की के बाहर झाँका तो देखा कि भोर सूरज की अगवानी में लालिमा बिखेर रही है।

उसी दिन जयदीप ने चित्रांगदा के सामने विवाह का प्रस्ताव रखा, जिसे स्वीकृति मिल गई और एक सप्ताह बाद जयदीप अपनी जीवनसंध्या में नई संगिनी के साथ परिणय-सूत्र में बँध गए।

मरुस्थल में सोता फूट पड़ा था। चित्रांगदा भी प्रौढ़ावस्था में नए रंग भरने में मशगूल थी। दोनों की शिथिल दिनचर्या गतिमान हो उठी। कभी-कभार जयदीप को अपने बच्चों की याद आती, पर उनके विवाह की खबर सुनकर वे सब कुपित थे--जयदीप यह जान गए थे। चित्रांगदा का मातृत्व कभी-कभी पति से आग्रह करता कि वे बच्चों को मनाने का प्रयास करें, परन्तु जयदीप उनका दर्शन न करने को दृढ़प्रतिज्ञ थे। चित्रांगदा का नारीत्व तो पूर्ण हुआ पर अतृप्त मातृत्व कहीं भीतर तक उसे आहत कर जाता।

नए विवाह के सात-आठ महीने बाद जयदीप ने चित्रांगदा के साथ पर्यटन का कार्यक्रम बनाया। दिल्ली होते हुए जयपुर-जोधपुर-उदयपुर जाने की योजना बनी। दिल्ली में एक पुराने मित्र के आग्रह पर उन्हीं के घर दो दिन रुकने का निश्चय किया।

पहले दिन दिल्ली-दर्शन किया। दूसरे दिन मित्र सपत्नीक पास के अनाथालय 'पालना' में चॉकलेट, बिस्कुट और खिलौने बाँटने जानेवाले थे क्योंकि विदेश में रह गए पाँच साल के पोते का उस दिन जन्मदिन था। जयदीप और चित्रांगदा भी साथ हो लिए। उसी दिन पिंक सिटी से जयपुर की टिकटें बुक थीं।

अनाथालय में पालने में रखे शिशुओं से लेकर सात-आठ साल तक के अस्सी बच्चे थे। तीन वर्ष से ऊपर के सभी बच्चों को एक कतार में

खड़ा किया गया। उन अनाथ और परित्यक्त बच्चों को देखकर कोई भी द्रवित हुए बिना नहीं रह सकता था। वे करुणा से अभिभूत थे कि एक बच्ची पर नजर पड़ते ही ठिठक गए। स्मृतियों के सैकड़ों बुलबुले उठे और दस माह पूर्व हुई रेल-दुर्घटना...चीख, पुकार...घायल...मृत–सुदीर्घ चित्रावली उनके मानसपटल पर कौंध उठी। एक मुस्कुराता चेहरा...चंचल नन्ही सहयात्री–आज मूक प्रस्तर प्रतिमा-सी उनके सामने खड़ी थी। भावहीन मुद्रा में चॉकलेट हाथ में थामे...। जयदीप की चेतना लौटी और बच्ची को खींचकर कंठ से लगा लिया। चित्रांगदा हैरान थी, मित्र और उनकी पत्नी भी।

ऑफिस के रिकॉर्ड से पता चला कि जयदीप के सहयात्री परिवार में एकमात्र जीवित सदस्या वह बच्ची किन हालात में यहाँ पहुँची। जयदीप ने चित्रांगदा को सब सुनाया और कुछ निश्चय करते हुए उसके पास आए। उसके कन्धों को अपने दोनों हाथों से पकड़कर उसकी आँखों में झाँका और बोले–"चित्रांगदा, इसकी माँ बनोगी?"

जयदीप के स्वर चित्रांगदा के मन में गहरे तक उतर गए। उसकी आँखें छलछला उठीं, होंठों से अस्फुट शब्द निकले–"हाँ, बनूँगी।"

आगे का कार्यक्रम रद्द कर जयदीप ने 'पालना' में आवश्यक औपचारिकताएँ पूरी कीं और अगले चार दिन दिल्ली में रहकर उस बच्ची को कानूनन गोद ले लिया और कुदरत के इस अनूठे उपहार को लेकर इलाहाबाद लौट आए।

आज जयदीप फिर से पूर्ववत् उल्लास और रवानी महसूस कर रहे हैं। क्यों न हो, उनकी जीवनसंध्या में हजारों दीये जल उठे थे!

वंचना

जल्दी-जल्दी नाश्ता खत्म करके नीलिमा ने पर्स उठाया, कुछ जरूरी किताबें लीं और गाड़ी की चाबी लेकर जैसे ही दरवाजे की ओर लपकी कि नौकर ने टोका—"मेमसाब, दोपहर में क्या बनेगा?"

"नन्दू! कितनी बार कहा है, जाते समय यह सब मत पूछा कर। एक तो मैं वैसे ही लेट हो रही हूँ...अब बच्चों से पूछ लेना, उन्हें जो खाना हो, बना देना," कहकर नीलिमा ने कलाई की घड़ी पर नजर डाली।

जल्दी-जल्दी कॉलेज पहुँची। एक बजे वाली क्लास लेकर जैसे ही घर आने को निकली कि कॉलेज से सटे बस-स्टॉप पर खड़ी एक महिला पर नजर टिक गई। गाड़ी को ब्रेक लगाया और दिमाग पर जोर डालते ही बेसाख्ता चीख पड़ी—"विशाखा..." महिला पलटी, नीलिमा गाड़ी से उतरकर दौड़ी और उससे लिपट गई।

"नीलू, तू! और यहाँ?"

"यहीं बगलवाले कॉलेज में पढ़ाती हूँ, पर तू यहाँ कैसे? कितने सालों बाद मिल रही है, कहाँ थी?" नीलिमा ने प्रश्नों की झड़ी लगा दी।

विशाखा कुछ कहती, उससे पहले ही नीलिमा ने मोबाइल लिया और फोन करके लंच के बाद की मीटिंग में न आ पाने की असमर्थता व्यक्त की। बरसों बाद पुरानी सहेली को देखकर वह बेहद उत्साहित थी।

विशाखा ने बताया कि वह केवल एक दिन के लिए इस शहर में आई

है। आवश्यक कोर्ट का काम है और सामान भी होटल में पड़ा है, पर नीलिमा कुछ सुनने को तैयार नहीं थी। विशाखा का हाथ पकड़कर उसे गाड़ी में बिठाया और गाड़ी स्टार्ट की। होटल पहुँची, विशाखा का सामान उठाया और उसे लिये-दिये अपने घर चली आई। अनुराग एक सप्ताह के लिए चेन्नई गए थे, सो विशाखा का सामान अपने बेडरूम में ही रखवा दिया।

खाना खाकर नीलिमा ने बच्चों को आवश्यक निर्देश देकर उनके कमरे में भिजवा दिया। नन्दू को एक घंटे बाद कॉफी लाने का आदेश देकर विशाखा के साथ अपने कमरे में लौट आई।

"और सुनाओ, जीजाजी कैसे हैं? अब भी वैसे ही मस्तमौला हैं? शायरी करते हैं या रोमांस का भूत उतर गया है?...और वे तुम्हारे साथ क्यों नहीं आए?" शिरीषजी का मुस्कुराता चेहरा नीलिमा को स्मरण हो आया।

विशाखा ने एक लम्बी साँस लेकर कहा—"अब हम साथ नहीं रहते। हमारे बीच कानूनी लड़ाई चल रही है।"

सुनते ही नीलिमा सन्न रह गई—"पर यह सब कैसे हो गया?"

विशाखा के दिल में जमा दुख का ग्लेशियर संवेदना की गरमी पाकर पिघल गया और सैलाब बनकर उमड़ पड़ा। दोनों हाथों से मुँह ढाँपकर वह फूट-फूटकर रोने लगी। नीलिमा ने उसे गले लगा लिया पर उसका बाँध रोके न रुकता था, मानो अरसे से सीने में एक ज्वालामुखी धधक रहा हो! बरसों बाद उसे रोने के लिए एक कन्धा मिला था। देर तक नीलिमा के गले से लगकर वह सुबकती रही।

नीलिमा विशाखा के रुदन से सहम-सी गई थी। उसने परदा गिराया और विशाखा को सुला दिया। धीरे से कमरा बन्द कर अनुराग की स्टडी में आकर बैठ गई और शून्य में ताकने लगी।

यादों की धूमिल परछाइयाँ एक-एक कर प्रकट होने लगीं। कैसे थे वे कॉलेज के दिन! हर दिन जोश और मस्ती से भरा। नए कॉलेज में आए एक महीना हो गया था, तभी एक नई छात्रा विशाखा ने क्लास में प्रवेश किया था। लम्बा कद, भरी हुई देहयष्टि, गेहुँआ रंग, बड़ी-बड़ी आँखें, वेशभूषा से सम्भ्रान्त दिखनेवाली विशाखा जल्दी ही नीलिमा से घुल-मिल गई

थी। आत्मीयता बढ़ी थी और दोनों पक्की सहेलियाँ बन गई थीं।

विशाखा एक राजनेता की पुत्री थी। पिता प्रभावशाली ओहदे पर थे, पर स्वभाव से बेहद सख्त और रूखे। राजनीति में दिन-रात व्यस्त रहते। उसके दोनों भाई विदेश में पढ़ते थे। प्रतिभा की कमी थी, सो पैसे के दम पर देश छोड़ विदेश में अध्ययन कर रहे थे। घर में तमाम सुविधाएँ और सत्ता का सुख था, पर मन का एक कोना विशाखा का ही नहीं उसकी माँ का भी खाली था। अतः जब-जब उसके मंत्री पिता दौरे पर बाहर जाते, घर में उन्मुक्तता छा जाती, मानो कर्फ्यू में ढील दी गई हो! ऐसे में मस्ती का जितना सामान जुटाया जा सकता, माँ-बेटी जुटा लेतीं। कभी पाटिल अंकल, तो कभी अय्यर साहब, कोई-न-कोई राजनीतिक सहयोगी माँ-बेटी को सैर-सपाटे या शॉपिंग के लिए ले जाते। कभी पिकनिक तो कभी सिनेमा।

नीलिमा को याद है, कितनी ही बार विशाखा का फोन आने पर वह माँ की अनुमति से उसके साथ घूमने जाती। कई बार 'रीगल' या 'रिवोली' पर फिल्म देखते हुए उसने विशाखा का साथ दिया था, क्योंकि अपनी माँ और अंकल के साथ अकेले फिल्म देखना विशाखा को बहुत अखरता था।

बी.ए. का अन्तिम वर्ष था। क्लास की छात्रा कुमकुम की बहन की शादी थी। आठ-दस सहेलियों ने शादी में जाने की योजना बनाई। तय हुआ कि सब एक निश्चित समय पर उसके घर पहुँचेंगे और नीलिमा विशाखा के घर से उसके साथ जाएगी। नीलिमा के घर में विशाखा की छवि बहुत अच्छी थी। अपनी मृदुल वाणी और विनम्र स्वभाव के कारण वह सबको बहुत प्रिय थी, अतः नीलिमा के माता-पिता ने विशाखा के यहाँ जाने से बेटी को कभी नहीं रोका। विशाखा की माँ ने अपने वॉर्डरोब से दोनों को पसन्दीदा साड़ियाँ चुनने को कहा। खूब उत्साह से तैयार होकर दोनों जाने के लिए बेचैन थीं, किन्तु गाड़ी का कोई पता न था। जबकि अमूमन मंत्री जी के बँगले के अहाते में हमेशा चार-पाँच गाड़ियाँ मौजूद रहतीं।

तभी एक गौरवर्ण और मँझोले कद के सज्जन पधारे और विशाखा की माँ का अभिवादन करके विशाल ड्राइंगरूम के सोफे पर बैठ गए। विशाखा ने उन्हें नमस्ते कहा और मचलकर माँ से बोली—"मम्मी! जीजाजी हम लोगों को छोड़ देंगे!"

नीलिमा कुछ समझ पाती, इससे पूर्व ही वे सज्जन उठ खड़े हुए और बोले—"हाँ-हाँ, जरूर! कहाँ चलना है?"

थोड़ी देर में दोनों उनकी गाड़ी में सवार हो गंतव्य की ओर जा रही थीं।

यह शिरीषकान्त से नीलिमा की पहली मुलाकात थी। शिरीष बाबू बहुआयामी व्यक्तित्व के स्वामी थे। सौम्य, शिष्टाचारी, पेशे से व्यवसायी, शौक से कवि। पिछले छह माह से विशाखा के यहाँ आते-जाते थे। मंत्री जी से सम्पर्क साधकर राजनीति में भी पैठ जमाने की कोशिश कर रहे थे।

नीलिमा और विशाखा ने एम.ए. में साथ-साथ दाखिला लिया। मित्रता और प्रगाढ़ हो गई। एक दिन दोनों ने देखा कि आर्ट्स फैकल्टी के पोर्टिको में शिरीष बाबू खड़े हैं। बोले—"किसी काम से आया था। चलो विशाखा, तुम्हें घर छोड़ता चलूँ।"

विशाखा उनके साथ चली गई। कुछ दिनों बाद फिर वही हुआ। नीलिमा का माथा ठनका। यह बार-बार का संयोग उसके गले न उतरा। अगले दिन उसने अधिकार से विशाखा को डाँटा—"अब दोबारा तू इनके साथ नहीं जाएगी...।"

पर विशाखा को नीलिमा का हस्तक्षेप न भाया। अब वह छिपकर शिरीष बाबू से मिलने लगी। वास्तव में वह उनसे प्रेम करने लगी थी। नीलिमा ने समझाने की बहुत कोशिश की क्योंकि शिरीष शादीशुदा, दो बच्चों के पिता और उम्र में विशाखा से लगभग पन्द्रह साल बड़े थे।

इस बीच विशाखा के घर में भी इस प्रेमप्रसंग का विस्फोट हो चुका था। उस पर पहरे बिठाए गए, यूनिवर्सिटी आना बन्द हो गया। एम.ए. पूर्वार्द्ध की परीक्षा दिलाने उसकी माँ साथ आती रहीं, किन्तु शिरीष बाबू के प्रेम का जादू विशाखा के दिलोदिमाग पर ऐसा छाया कि एक सुबह तड़के चार बजे अपने बँगले की दीवार फाँदकर वह शिरीष के साथ भाग गई और एक मन्दिर में जाकर माला बदलकर शादी कर ली। उसकी माँ ने रो-रोकर यह सब फोन पर नीलिमा को सुनाया। नीलिमा सकते में थी पर सखी के ऐसे अनुचित कृत्य पर शोक जताने के अतिरिक्त वह कर भी क्या सकती थी!

दो-तीन महीने बाद एक दिन नीलिमा यूनिवर्सिटी के बस स्टॉप पर खड़ी थी कि एक गाड़ी आकर रुकी। दरवाज़ा खुला और विशाखा आकर नीलिमा से लिपट गई। बहुत खुश थी, चहक रही थी। नीलिमा को खींचकर वह गाड़ी के पास ले गई। शिष्टाचारवश नीलिमा ने शिरीष बाबू का अभिवादन किया, और पिछली सीट पर बैठ गई। नीलिमा को आज भी याद है, टेप में शिरीष बाबू का वही पसन्दीदा गीत बज रहा था जो पहली बार कुमकुम के घर जाते हुए भी कार में बज रहा था–'बड़े अरमानों से रखा है बलम तेरी कसम, प्यार की दुनिया में ये पहला कदम ओऽऽऽ।' बगल में बैठी विशाखा का मन गाने की रूमानियत से सराबोर था। वह शिरीष बाबू से छेड़छाड़ भी कर रही थी पर नीलिमा मौन धारण किए खिड़की से बाहर देख रही थी।

"लगता है, सालीजी हमसे नाराज हैं।" शिरीष बाबू का मजाक नीलिमा को अच्छा न लगा।

"अरे, अभी इसकी नाराजगी दूर किए देती हूँ।" विशाखा मनाने की कोशिश कर रही थी। गाड़ी रुकते ही हाथ पकड़कर उसे एक सजे-सजाए नए फ्लैट में ले गई और बोली–"देख, यह है मेरा नया घर।"

नीलिमा दो घंटे वहाँ रही। बातचीत से पता चला कि शिरीष की पत्नी को कैंसर है और वह मृत्युशैया पर है। बच्चों के भविष्य का वास्ता देकर उन्होंने तलाक के कागज भी उससे साइन करा लिए हैं। केवल आठ और दस साल के दो बच्चों की समस्या है। पर धन का तो अम्बार लगा है, सो उन्हें भी हॉस्टल में डाल देंगे।

"अच्छा, तुझे मेरा घर कैसा लगा? यह शादी का तोहफा है इनकी तरफ से।" जिन्दगी की नई खुशियाँ विशाखा के रोम-रोम से छलक रही थीं। उस दिन विशाखा और शिरीष बाबू से मिलकर नीलिमा के मन का मलाल कुछ कम हुआ था।

इधर एम.ए. खत्म करने के बाद नीलिमा फैलोशिप लेकर तीन वर्ष के लिए विदेश चली गई। वापस आकर अनुराग से शादी हुई और फिर इसी शहर में आ बसी। विशाखा से सम्पर्क टूट गया।

आज पन्द्रह वर्ष बाद यूँ विशाखा का इस हाल में मिलना–नीलिमा

इसके आगे कुछ अनुमान लगा पाती, इससे पहले देखा कि नन्दू हाथ में ट्रे लिए खड़ा है—"मेमसाब, कॉफी।"

नीलिमा बेडरूम में आई और विशाखा को उठाकर दोनों कॉफी पीने लगी। जैसे-जैसे विशाखा ने नीलू से बिछड़ने के बाद का ब्यौरा देना शुरू किया, वैसे-वैसे शिरीष के चेहरे से झूठ और फरेब का नकाब हटने लगा। उस मक्कार ने जिस पत्नी के कैंसर की झूठी कहानी सुनाकर विशाखा को फुसलाया था, वह आज भी जीवित और भली-चंगी हैं।

"लेकिन वे तो तुम्हारे साथ उस फ्लैट में रहते थे जो तुम्हारे नाम से था।"

"किराए का था।" विशाखा एक के बाद एक उसके छलावे का पर्दाफाश कर रही थी।

"हाय विशाखा, ये तूने क्या किया? आखिर तुमने बिना तलाक के कागजात देखे इतनी जल्दबाजी क्यों की?"

"मैं डर गई थी, डैडी अपने मित्र के बेटे से तुरन्त मेरी शादी करने का निर्णय सुना चुके थे। तू तो जानती है, उनकी हर बात पत्थर की लकीर होती थी।" विशाखा की आँखें फिर छलछला उठी थीं।

"तो अब तू कहाँ रहती है?" नीलिमा ने पूछा।

"अपने दोनों बच्चों के साथ।" विशाखा बोली।

"बच्चे?"

"हाँ, अनुज चौदह साल का है और अर्चिता बारह की। डैडी अब नहीं रहे।"

"और आंटी?" नीलिमा ने कौतूहलवश पूछा।

"वे अंसारी अंकल के साथ रहती हैं।" विशाखा ने सपाट उत्तर दिया।

नीलिमा को विशाखा की माँ की बात याद आई, जब उन्होंने बताया था कि अंसारी अंकल और विशाखा के डैडी इलाहाबाद यूनिवर्सिटी में साथ-साथ वकालत की पढ़ाई करते थे। तब की मित्रता बाद तक बरकरार रही पर जैसे-जैसे विशाखा के पिता राजनीति की सीढ़ियाँ चढ़ते गए, अंसारी से दूरी बढ़ती गई, लिहाजा उनकी पत्नी से घनिष्ठता जरूर बढ़ती गई। मंत्री महोदय के सख्त और उग्र रवैये के चलते घर के सभी सदस्य, नौकर-चाकर

थर-थर काँपते थे। इसी माहौल में पत्नी का हृदय अंसारी के साहचर्य में सम्बल खोजने लगा। अंसारी एक वकील थे और विधुर थे। विशाखा के शिरीष के साथ पलायन करने के बाद उसकी माँ भी पति का जंगल-सा एकाकी घर छोड़कर अंसारी के साथ रहने चली गई। दोनों पुत्रों ने पहले ही विदेश में विवाह कर लिया था।

पाँच वर्षों तक शिरीष के धोखे, मक्कारी और मारपीट के बीच झूठे आश्वासनों की डोर थामे विशाखा सब झेलती रही। एक दिन बेटे को 106 डिग्री बुखार हुआ जिसने बच्चे के मस्तिष्क पर आघात किया और अनुज अपना मानसिक सन्तुलन खो बैठा। इस दुर्दिन ने असहाय विशाखा को पिता के द्वार पर ला पटका।

पिता पत्नी के जाने से कुंठित हो गए थे। विरक्त मन और भी कठोर हो गया। उन्होंने राजनीति त्याग दी और बौद्ध धर्म अपना लिया। करोड़ों की सम्पत्ति बौद्ध मठों के नाम लिख दी। केवल विशाल रिहायशी इमारत जीते जी अपने पास रख छोड़ी। मरणोपरान्त उसे भी मठ की सम्पत्ति घोषित करनेवाली वसीयत उन्होंने जीते जी ही तैयार कर ली थी।

लाचार बेटी को उसके बच्चोंसहित अनमने भाव से अपनी भव्य अट्टालिका में स्वीकार तो लिया, रोगग्रस्त अनुज का इलाज भी करवाया, बेटी को एक निजी कम्पनी में नौकरी पर लगवा दिया; किन्तु बिना किसी मोह में पड़े वसीयत को जस-का-तस छोड़ दिया और दो वर्षों बाद चल बसे।

विशाखा एक किराए के मकान में रहने लगी। माँ से सम्पर्क बना रहा किन्तु अंसारी अंकल इतने सक्षम नहीं थे कि विशाखा की भरपूर आर्थिक मदद करते। उनकी अपनी भी दो शादीशुदा बेटियाँ थीं, पर विशाखा अंसारी अंकल का अहसान नहीं भूलती, जिन्होंने उसकी माला बदली से की गई नाममात्र की शादी को उस पंडित की मदद से रजिस्टर्ड करवाकर किसी तरह कानूनी वैधता प्रदान की। आज उसी कागज के टुकड़े के एकमात्र सबूत पर वह शिरीष से कानूनी लड़ाई लड़ रही है।

एक रात के प्रवास के बाद विशाखा अपने शहर लौट गई। नीलिभा नहीं जानती कि विशाखा को उसका हक मिलेगा या नहीं, पर बहुत दिनों तक विशाखा के वंचनाग्रस्त जीवन की पीड़ा से विचलित रही और विश्लेषण

करती रही कि ऐसा क्यों हुआ? कौन इसके लिए जिम्मेदार था—उसके पिता का कठोर स्वभाव, संस्कारों की कच्ची डोर, सत्ता का निरंकुश सुख या विशाखा के पैरों तले की फिसलन-भरी जमीन या फिर उसका प्रारब्ध?

दो माह बाद नीलिमा अनुराग के साथ बैठी समाचार चैनल पर ताजा चुनाव बुलेटिन देख रही थी। तभी विजयी उम्मीदवारों की सूची में एक नाम उभरा—

बरेली से लोकसभा के लिए निर्वाचित उम्मीदवार—शिरीषकान्त त्रिपाठी।

दीदी माँ

महज चौदह बरस की थी–कनुप्रिया, जब अपने मिशनरी स्कूल की नन सिस्टर लिली के साथ गौतम बुद्ध मार्ग के उस इलाके में गई थी। वह अकेली न थीं, उसके साथ नवीं कक्षा की अन्य बत्तीस छात्राएँ भी थीं। 'सोशल सर्विस' के मिशन के तहत हर साल उन्हें किसी खास क्षेत्र में जाकर कुछ सीखने की प्रेरणा दी जाती थी। कभी अन्धविद्यालय, कभी गूँगे-बहरों का प्रशिक्षण-केन्द्र, कभी जेल के कैदियों से मुलाकात तो कभी वृद्धाश्रम।

कनुप्रिया और उसकी सहेलियाँ बड़ी उत्साहित थीं। मानो किसी पिकनिक पर जा रही हों। सबको चैरिटी के लिए साबुन, मोमबत्तियाँ, बिस्कुट, शैम्पू के सैशे, भुनी मूँगफली और चने के पैकेट आदि लाने का निर्देश दिया गया था। सिस्टर लिली ने सारा सामान डिब्बों में पैक करवाया और छात्राओं के साथ बस में सवार हो 'आश्रय' की ओर चल पड़ीं।

'गौतम बुद्ध मार्ग'–सुनते ही महात्मा बुद्ध की पवित्र छवि स्मरण हो आती है, किन्तु इसी का दूसरा नाम–जी.बी. रोड का उच्चारण करते ही शहर की इस बदनाम बस्ती का चित्र उभरने लगता है–रेडलाइट एरिया–तवायफों का बाजार, वेश्याओं की मंडी। शाम होते ही टैक्सी ड्राइवर ग्राहकों को लेकर यहाँ आते हैं और मुँहमाँगा किराया वसूलकर चले जाते हैं। यह सिलसिला अर्धरात्रि तक चलता है और भोर होते ही सब सामान्य होने लगता है।

रात के धुँधलके में रौनक बिखेरती रूपसी बालाएँ भास्कर की किरणों के संसर्ग में अचानक पारदर्शी हो उठती हैं। कृत्रिम रूप का आवरण मोम की तरह पिघल जाता है। और उम्र का अधेड़ साया कनपटियों पर रजततारों के बीच झाँकने लगता है। सब्ज़ी-भाजीवाले से मोलभाव करतीं, मछलीवाले से खरीददारी करतीं, छोटे बच्चों को सड़क के छोर पर बने कॉरपोरेशन के प्राइमरी स्कूल में छोड़ने जातीं स्त्रियाँ किसी भी सिरे से असामान्य न लगतीं।

इसी सड़क पर एक अनाथालय है—'आश्रय'। निकटवर्ती चर्च के फादर पीटर की प्रेरणा से एक दशक पूर्व कुछ सामाजिक कार्यकर्ताओं ने इसे शुरू किया था। बाद में एक मिशनरी संस्था ने इसे अपने हाथ में लिया और अब नवजात शिशुओं को लेकर सोलह-सत्रह वर्ष तक के पचास बालक-बालिकाएँ यहाँ आसरा पाते हैं। अक्सर छोड़े हुए नवजात शिशुओं को दूर-दराज व निकटस्थ क्षेत्रों के लोग यहाँ ले आते हैं। दस-ग्यारह वर्ष की उम्र तक आते-आते इन बच्चों को निस्सन्तान धनी, अधेड़, तलाकशुदा या कभी-कभी विदेशी भी गोद ले लेते हैं। जो रह जाते हैं वे 'आश्रय' की देखभाल में हाथ बँटाते हैं। सयानी होने पर लड़कियों की शादी कर दी जाती है। लड़कों को अपने पैरों पर खड़ा होने योग्य बना दिया जाता है। 'आश्रय' से एक सदस्य की विदाई होती है तो कभी-कभी दो नए सदस्यों का पदार्पण।

कनुप्रिया 'आश्रय' के खुले अहाते में हो रहे सिस्टर लिली के अभिभाषण को बड़े ध्यान से अपनी सहेलियों के साथ सुन रही थी, जो इस अनाथालय के इतिहास एवं उद्देश्यों का बखान करते हुए इन किशोरियों के मन में अनाथ बच्चों के प्रति संवेदना जगाने का प्रयास कर रही थीं।

बच्चों ने बड़े उत्साह से अपनी लाई दान-सामग्री इन बच्चों में बाँटी। अन्त में उन्हें एक विशेष कमरे में ले जाया गया जहाँ लगभग पन्द्रह पालनों में नवजात शिशु रखे गए थे। पंक्तिबद्ध होकर हर पालने के पास से गुजरते हुए इन छात्राओं को विचित्र अनुभव हो रहा था। कनुप्रिया एक पालने में रखी साँवली-सी बच्ची को देखकर ठिठक गई। उसके कोमल हाथ को छूने का प्रयास किया, पर यह क्या...बच्ची ने अपनी मुट्ठी में कनु की उँगली को बाँध लिया...कनु रोमांचित हो उठी।

"सिस्टर! क्या नाम है इसका?"

"सलोनी।" सिस्टर बोलीं।

"स...लो...नी," कनुप्रिया बुदबुदाई।

"अच्छा, अब सब लोग वापस चलो, नहीं तो हमारी बस ट्रैफिक जाम में फँस जाएगी।" सिस्टर के आदेश पर अनुशासित छात्राएँ कमरे से बाहर निकलीं और बस में सवार हो अपने विद्यालय लौट आईं।

रात को बिस्तर पर लेटते ही कनुप्रिया दिन की घटनाएँ स्मरण करने लगी। स...लो...नी—इस लफ्ज का मौनवाचन किया और चादर के नीचे से हाथ खींचकर अपनी तर्जनी को निहारा। मानो उसमें बसी सलोनी की छुअन को महसूस करना चाहती हो। आँखें मूँदकर कनु सोने का प्रयास करने लगी।...अगले ही पल...कानों में सिस्टर लिली के प्रवचन गूँज उठे :

'...ये सब गॉड की ब्यूटीफुल क्रिएशन हैं...यू शुड शेयर योर जॉय विद दैम...हैल्प दीज डिप्राइव्ड चिल्ड्रेन...यू कैन गिव दैम अ बैटर लाइफ...वैन यू विल ग्रो अप...'

कनुप्रिया बेचैन हो गई...बिस्तर से उठ बैठी...पापा-मम्मी के कमरे की ओर गई...दोनों गहरी निद्रा में लीन थे...वापिस आई...कुछ रुककर एक गिलास पानी पीया और चादर तानकर सो गई।

अगली सुबह कनुप्रिया के जीवन के ऐतिहासिक दिन की सौगात लेकर आई थी। बचपन में माँ से—माँ मुझे एक भैया चाहिए...की इच्छा करनेवाली कनुप्रिया आज बरसों बाद एक अनोखी माँग कर बैठी—"माँ, मुझे एक बहिन चाहिए?"

"क्या...?" माँ चौंक उठी।

बचपन में कनुप्रिया के डॉक्टर माता-पिता—सहाय दम्पती—उसे यह कहकर बहला लिया करते थे कि वे नहीं चाहते उनकी दूसरी सन्तान कनुप्रिया के हिस्से का प्यार छीने। इकलौती कनु उनके लिए अनमोल है—यह जानकर नन्हीं बच्ची खुश हो जाती थी। पर आज इतने सालों बाद कनु का प्रश्न माँ को कुछ अटपटा लगा।

रात्रिभोज से पूर्व घर में गम्भीर प्रश्न पर चर्चा चल रही थी। कनु की अनोखी इच्छा ने माता-पिता के लिए समस्या खड़ी कर दी थी। चालीस पार

कर चुकी माँ के लिए सन्तान को जन्म देने से भी कठिन बात थी अनाथालय से सलोनी को घर लाना।

डॉ. सहाय ने सख्ती से बेटी की माँग को नकार दिया। क्योंकि सलोनी वास्तव में जी. बी. रोड की ही एक तवायफ की औलाद थी। माँ ने कनु को समझाने का प्रयास किया पर सब व्यर्थ। अन्त में डॉ. सहाय के बड़े भाई—जो रिटायर्ड प्रोफेसर थे और निस्सन्तान भी, कनु जिनका प्राण थी—ने भतीजी के हक में जोरदार सिफारिश की और डॉ. सहाय की दृढ़ता पसीज गई। पर एक शर्त पर कनु की इच्छा को स्वीकार किया गया कि सलोनी इस घर की बेटी तो बनेगी पर उसे घर नहीं लाया जाएगा।

सहाय परिवार ने 'आश्रय' जाकर सारी औपचारिकताएँ पूरी कीं और कनुप्रिया ने तीन माह की बच्ची को गोद ले लिया। कनु के स्वावलम्बी होने तक उसके ताऊ और ताई को अभिभावक की जिम्मेदारी निभाने का कानूनी निर्देश मिला।

कनुप्रिया के ताऊ जी के आर्थिक सहयोग से उसकी माँ ने एक बड़ी रकम चुकाकर सलोनी के लालन-पालन की जिम्मेदारी एक सरकारी संस्था को सौंप दी। इस तरह चौदह साल की कनुप्रिया 'दीदी माँ' बन गई।

हर हफ्ते कनु शहर के दूसरे छोर पर बने सरकारी संस्था के भवन जाती और सलोनी को गोद में लेकर उसे खूब प्यार करती। कभी-कभी सलोनी को लेकर वह ताई के यहाँ वीकेन्ड गुजारती क्योंकि उसे अपने घर ले जाना वर्जित था।

हफ्ते, महीने और फिर साल गुजरे। तीन वर्ष की होने पर सलोनी को दूर दार्जिलिंग के विशेष सरकारी गाँव 'आशा-निवास' भेज दिया गया। कहने को यह गाँव था पर अपने आप में सुन्दर भवनों, आधुनिक साजसज्जा वाले पार्कों, विद्यालय-परिसर, हॉस्पिटल आदि से लैस एक सुविधासम्पन्न कॉलोनी जैसा था। कनु के परिवार वालों की तरह अनेक दयालु धनी लोगों ने बच्चों को 'फाइनेंस' किया था। बहुत से एन.आर.आई. अलग-अलग बच्चों के नाम से खुले खातों में निश्चित सालाना राशि भेजते थे। जिसके कारण अधिकतर बच्चे अच्छी तालीम पाकर नौकरी पर लग जाते थे।

सलोनी दस वर्षों तक आशा-निवास में रही, फिर दिल्ली के एक

बोर्डिंग स्कूल में पढ़ते-पढ़ते उसका सितारा चमका और कक्षा में अव्वल आने पर उसे स्कॉलरशिप पर विदेश जाकर अर्थशास्त्र पढ़ने का मौका मिला।

इस बीच कनुप्रिया अपनी शिक्षा-दीक्षा समाप्त कर एक कॉलेज में दर्शनशास्त्र पढ़ाने लगी थी।

उसकी शादी अपने सहपाठी प्रोफेसर प्रफुल्ल से हो गई थी। दोनों देहरादून के एक कॉलेज में पढ़ाते थे। किशोरावस्था में छुट्टियाँ होते ही वह सलोनी से मिलने जाती थी पर उसके दस साल के दार्जिलिंग प्रवास में मिलना कम होने लगा था और चिट्ठियों का आदान-प्रदान बढ़ने लगा था। परन्तु सलोनी के पुनः दिल्ली आने से पूर्व ही कनुप्रिया की शादी हो गई थी। अतः सलोनी के दिल्ली आने पर भी कनु का उससे अधिक मिलना न होता था। यदा-कदा संक्षिप्त चिट्ठी लिखकर वह सलोनी की सुध लेने की कोशिश करती थी। अब कॉलेज की जिम्मेदारी, वैवाहिक जीवन और काम की आपाधापी में सम्बन्ध शिथिल पड़ने लगा।

सलोनी अपनी दीदी माँ की शादी में उनसे अन्तिम बार मिली थी। अब तो आठ साल बीत गए। वह अर्थशास्त्र की डिग्री लेने के बाद शोध करने मैनचेस्टर चली आई थी। दीदी माँ की शादी की वर्षगाँठ पर वह बधाई का कार्ड जरूर भेजती थी और कभी-कभी भूले-भटके फोन भी कर लेती थी।

कनुप्रिया के पति प्रोफेसर प्रफुल्ल कनुप्रिया पर जान लुटाते थे। योग्यता और ख्याति में उनका कोई सानी न था, पर कनुप्रिया बुझी- बुझी रहती। धन-मान सबकुछ था पर कैक्टस की हरियाली जैसा। क्या उसकी बगिया में भी कभी कोई फूल खिलेगा...।

आज आठ बरस हो गए...उसके सीने में मातृत्व का सोता ठाँठे मारता है। उसका तन-मन इसमें भीगकर स्नात-पूत हो जाना चाहता है पर दुर्भाग्य रेतीली दीवार की तरह ममता के इस सागर को रोके हुए है, वह आज भी अतृप्त है...सतृष्ण है...।

माँ भी पिछले बरस गुजर गईं। पिता से तो अपना सुख-दुख बाँट नहीं सकती। माँ के निधन के आठ महीनों बाद पिता को दिल का दौरा पड़ा।

कनु और प्रफुल्ल ने पूरी देखभाल की। उन्हें हॉस्पिटल से घर लाया गया पर अब आरामकुर्सी ही डॉ. सहाय की संगिनी बन चुकी थी। एकाकी मन और गिरता शरीर। तन-मन के आघातों ने डॉ. सहाय को पैंसठ वर्ष की आयु में दस-पन्द्रह बरस आगे ढकेल दिया था।

कुशल नर्स और वफादार नौकर की देख-रेख में पिता को छोड़कर कनु पति के साथ देहरादून लौट आई। पन्द्रह दिन की छुट्टी के बाद कॉलेज जाते एक हफ्ता भी न हुआ था कि डॉ. सहाय को दिल का दूसरा जबरदस्त दौरा पड़ा और उनके जीवन की सिहरती लौ भक से बुझ गई।

कनुप्रिया पापा की निर्जीव देह से लिपटकर कितना रोई थी...आज वह अनाथ हो गई...मानो सर पर की छत दरक गई हो। प्रफुल्ल ने उसे सीने से लगाकर भरसक सान्त्वना दी। सलोनी को भी सूचना भेजी गई पर उसकी ओर से कोई फोन या सन्देश नहीं आया।

कनुप्रिया धीरे-धीरे सहज होने की कोशिश कर रही थी पर एक बात फाँस की तरह उसके मन में चुभ रही थी कि सलोनी ने पापा के निधन की सूचना पाकर कोई सम्पर्क क्यों नहीं किया...? क्या वह सब भूल गई जो उसने उस अनाथ के लिए किया...? क्या इस दुख की घड़ी में उसे कनु की सुध नहीं लेनी चाहिए थी...? उसका मन कसैला हो उठा।

दो महीने बाद सलोनी का फोन आया। उसके अनुसार उसे डॉ. सहाय के निधन का समाचार वक्त पर न मिल सका, क्योंकि वह एक वर्कशॉप में भाग लेने दूसरे शहर गई थी। उसने 'दीदी माँ' को शाब्दिक हौसला दिया। जिसका कनु के टूटे मन पर कोई असर न हुआ।

पापा के जाने के बाद कनु सन्तान की कमी बड़ी शिद्दत से महसूस करने लगी। कलकत्ता और मुम्बई जाकर उसने डॉक्टरी इलाज कराए, पर सब बेकार। दो-तीन वर्ष बीत जाने पर कनु और प्रफुल्ल नाउम्मीद हो चले थे पर वाह री नियति—इंसानों को काठ के पुतलों की तरह नचाती है—हँसते-हँसते रुलाती है और रोते-रोते हँसाती है...उम्र के चालीसवें वर्ष में कनुप्रिया को अपने माँ बनने की खबर चमत्कार-सी लगी।

अब वह भविष्य के सपने सँजोने लगी। सब अच्छा लगने लगा था। उधर कुछ महीनों पूर्व सलोनी ने विदेश में ही बसे एक भारतीय युवक से

शादी करने की सूचना दी थी जिस पर कनु ने कोई प्रतिक्रिया नहीं जताई थी; क्योंकि पापा की मृत्यु के बाद से उनका सलोनी से सम्पर्क सूत्र टूट-सा गया था।

कनुप्रिया का माँ बनना बड़ा श्रम साध्य कार्य था क्योंकि डॉ. ने उसे प्रसव काल आने तक शैया पर पड़े रहने और पूर्ण विश्राम की सलाह दी थी । जरा-सी लापरवाही घातक हो सकती थी। हर पन्द्रह दिन पर प्रफुल्ल उसे गाड़ी में बिठाकर सावधानी से डॉक्टर के क्लीनिक ले जाते और चेक-अप कराते। इस दौरान अनेक बार कनुप्रिया को सलोनी की याद आई। अपने शिशु की कल्पना करते ही उसे बचपन की वह पालने में लेटी सलोनी याद आ जाती जिसने उसकी उँगली ममता की डोर में लपेट ली थी...पर आज वह कैसी परायी निष्ठुर-सी हो गई है...क्या कुछ महीने यहाँ आकर वह मेरी सेवा नहीं कर सकती थी...नौकर-चाकर तो गैर हैं...वह तो अपनी थी। पर सच है, पराए कभी अपने नहीं होते...उसका मन खिन्न हो उठा।

आठवाँ महीना शुरू होते ही रूटीन चेकअप के लिए आज उसे डॉक्टर के क्लीनिक जाना है। नियत समय पर पति-पत्नी घर से निकले। प्रफुल्ल गाड़ी ड्राइव करते हुए बड़े रोमांचित थे। लग रहा था मंजिल पास है...हाथ बढ़ाकर चाँद को छू लेना चाहते थे।

कनुप्रिया की पसन्दीदा सी.डी. बज रही थी। उसने खिड़की का शीशा गिराया। अक्तूबर का सुहाना मौसम...हवा एक शिशु की उँगलियों की तरह उसके कपोलों को छू जाती...भविष्य की स्निग्ध बूँदें कनु को भिगोने लगीं कि...सामने से आए ट्रक ने एक गेंद की तरह गाड़ी को दस-बारह फीट ऊपर उछाला और जोरदार टक्कर लगते ही गाड़ी पलटा खाकर गिर पड़ी... आँखों के आगे अँधेरा-ही-अँधेरा...।

कनुप्रिया को होश आया...धूमिल घटनाएँ एक-एक कर प्रकट होने लगीं...। प्रफुल्ल...मेरा बच्चा...वह चिल्लाई और फिर बेहोश हो गई।

इस घटना को छह महीने बीत गए। कनुप्रिया को दिल्ली के 'मानसिक रुग्णालय' में भरती किया गया है। उसके दूर के कुछ रिश्तेदारों ने छह महीने तक उसकी देखभाल की। धनाभाव नहीं था इसलिए हर तरह का इलाज

करवाना सम्भव हो सका किन्तु कनुप्रिया उस हादसे को स्वीकार नहीं कर पाई जो उसके पति और सन्तान को निगल गया। उसकी स्थिति असामान्य होती गई। छह महीने बाद रिश्तेदारों ने भी उसे इस नए चिकित्सालय में भरती कर अपनी राह ली।

दो महीने बीत गए। कनु बैठी शून्य में ताक रही है। डॉ. कहते हैं—वह पागल नहीं हुई है। गहरे आघात और सन्तान की प्यास ने उसे गहन अवसाद में ढकेल दिया है। कभी वह सामान्य व्यवहार करती है और कभी अचानक अपनी शॉल का गुड्डा बनाकर उसे गोद में थपकी देने का अभिनय करने लगती है।

"कनु!" डॉ. डिसूज़ा की आवाज से वह चौंकी।

"देखो कौन आया है, तुमसे मिलने।"

सामने खड़ी युवती को कनुप्रिया अनजान निगाहों से ताकने लगी।

"दीदी माँ।" कहकर आगन्तुका कनु से लिपट गई।

कनु बुत बनी खड़ी रही।

"दीदी माँ! मैं तुम्हारी सलोनी," आँसू पोंछते हुए सलोनी बोली—"और यह लो तुम्हारा बेटा।"

पीछे खड़े पति की बाँहों से नवजात शिशु को लेकर सलोनी ने कनु की गोद में डाल दिया।

कनु की आँखों में जाने कहाँ से तरावट आ गई। पलकों की कोर पर दो मोती चमके और गोद के शिशु के माथे पर टप-टप गिरे...'ऊँ आँ...' की आवाज में शिशु का रुदन कनु को स्पन्दित कर गया।

एक सप्ताह बाद सलोनी और उसके पति के साथ अपने नए शिशु को गोद में लिए कनु एयरपोर्ट की ओर जा रही थी।...गाड़ी सड़क पर तेजी से दौड़ रही थी...डेढ़ बजे की फ्लाइट कहीं छूट न जाए।

त्रिकोण

कल वृन्दा के भाई हेमन्त की शादी है। औरतें ढोलक की थाप पर नाच-गा रही हैं। दूल्हे को हल्दी लगाने की तैयारी हो रही है। भीतर के कमरे में माँ गायत्री सुबक रही है। पहले बेटे का विवाह है, नाते-रिश्तेदारों से घर भरा है पर ब्याहता बेटी वृन्दा ससुराल से नहीं आई है। पाँच साल बीत गए, शादी के बाद से किसी नाराजगी के कारण ससुरालवालों ने कभी मायके नहीं भेजा, फिर भी न जाने क्यों गायत्री एक आशा लेकर बैठी थी कि इस बार समधियों का दिल पसीजेगा, पर सब व्यर्थ, अन्ततः वृन्दा नहीं आई।

गायत्री को सान्त्वना देकर उसकी जेठानी हल्दी की रस्म के लिए ले गई। दूल्हा हेमन्त पाजामा पहने चुपचाप पीढ़े पर बैठा था। माँ ने सबसे पहले हल्दी लगाई फिर सभी सम्बन्धी औरतें बारी-बारी आकर हल्दी लेपने लगीं। चाची ने जैसे ही हल्दी लगाई कि हेमन्त हाथ बढ़ाकर झाड़ने लगा। पड़ोस की भाभी ने चिढ़ाया—"अरे देवर जी! असली हल्दी तो कल सुबह लगेगी, जब हम लगाएँगे, ऐसी पुताई करेंगे कि रंग छुड़ाए न छूटेगा।"

"और सुहागसेज पर भी पीले बन्दर का-सा मुँह लेकर जाना।" हेमन्त छेड़छाड़ से बिफर गया और बिना कुछ बोले उठकर गुसलखाने में चला गया।

हेमन्त अभी मात्र इक्कीस साल का था। गोरा रंग, लम्बा कद, चौड़ा सीना, मजबूत पुट्ठे, गहरी आँखें, रौबीली चाल—मानो कोई यूनानी देवता हो। सचमुच ऐसा आकर्षक व्यक्तित्व हजारों में किसी एक का होता है। हेमन्त में अन्य कोई विशेष गुण न था। मैट्रिक पास करने के बाद एक-दो साल यूँ ही मौज-मस्ती में गुजार दिए। बेटे की मस्त हाथी-सी आवारगी पर अंकुश डालने के लिए पिता ने उसे अपने साथ दुकान पर ले जाना शुरू किया। वे एक व्यापारी के यहाँ मुंशी थे।

दुकान पर आता-जाता हेमन्त मस्तानी चाल से तीन-चार बार गली से गुजरता। वह नहीं जानता था कि इस इलाके के प्रतिष्ठित व्यक्ति ब्रजकिशोर की छोटी बेटी सरिता अपने छज्जे से उसे बराबर निहारती थी। संयोगवश हेमन्त का किराए का घर गली के भीतर अन्तिम छोर पर था और उसके ठीक सामने ब्रजकिशोर का मकान ऐसी जगह पर स्थित था, जहाँ से वह गली मोड़ मुड़ती थी। दोनों मकानों के बीच गली के दोनों ओर आठ-दस मकान होने के बावजूद भौगोलिक स्थिति ऐसी थी कि इन दोनों के घर बिल्कुल एक-दूसरे की ओर मुख करके खड़े थे।

बीस वर्षीया सरिता बी.ए. में पढ़ती थी। हेमन्त के विपरीत वह छोटे कद की, साँवली, औसत नैन-नक्शवाली निहायत अनाकर्षक लड़की थी, पर स्वभाव से मानिनी, आत्मविश्वास से परिपूर्ण और हठीली थी।

हेमन्त-जैसे बाँके नौजवान को लुभाना उसके लिए कम चुनौतीपूर्ण न था, पर ईश्वर जाने उसने कौन-सा बाण फेंका कि हेमन्त घायल हिरण की तरह उसके कदमों में जा गिरा और अब छह महीने हो गए वह सरिता के प्रेमपाश में पूरी तरह से आबद्ध हो चुका है।

सरिता सम्भ्रान्त घर की अमीरजादी थी। कार से कॉलेज आती-जाती। ड्राइवर को चकमा देकर हेमन्त से मिलती, घूमती-फिरती और उसे महँगे उपहार देती। उस जमाने में मोबाइल फोन का आविष्कार नहीं हुआ था। सरिता के घर में टेलीफोन था पर हेमन्त के यहाँ वह भी नहीं, सो चिट्ठियों का भरपूर आदान-प्रदान होता।

अकसर हेमन्त को यह फिल्मी गीत गुनगुनाते सुना जाता—'मेरे सामनेवाली खिड़की में इक चाँद का टुकड़ा रहता है।' सामने खिड़की तो

थी, पर चाँद नदारद था। हेमन्त के भावों की अभिव्यक्ति के लिए यह गीत नितान्त असंगत था क्योंकि सरिता के रूप की चाँद से कतई सादृश्यता नहीं थी, पर प्रेम की पींग भरनेवाले पर मादक उड़ान का नशा हावी होता है।

हेमन्त और सरिता के प्रेम का पौधा तेजी से जड़ पकड़ रहा था कि अचानक कुठाराघात हुआ और हेमन्त का विवाह आगरा से सटे देहात की एक लड़की से तय हो गया, जिसका वह प्रतिरोध न कर सका। सरिता ने हेमन्त को बुलाकर लताड़ा, फटकारा। वह क्रोध से फुफकारने लगी। हेमन्त सर झुकाए खड़ा था। आँखों में आक्रोश के आँसू लिए उसे कोसती हुई सरिता वहाँ से चली गई। हेमन्त तड़प उठा, पर करे तो क्या करे? खूँटे से बँधे बैल की तरह शादी के मंडप में बैठ गया और गिरिजा को ब्याहकर अपने घर ले आया।

गिरिजा गोरी-चिट्टी, मजबूत कद-काठी की आठवीं पास देहाती लड़की थी, जिसका मुख किसी ने नहीं देखा क्योंकि उसके आधे चेहरे पर हमेशा घूँघट रहता। गुलाबी होंठ और तीखी नाक उसके रूप का परचम लहराते प्रतीत होते। कभी वह रसोईघर में खाना पकाती, कभी ससुर को दौड़-दौड़कर गरम रोटियाँ परोसती। आँगन में धमाधम थापी से कपड़े पीटती, तो कभी चलनी से गेहूँ छानती। आस-पड़ोस के लोगों ने उसे जब देखा चकरघिन्नी की तरह घूमते ही देखा। न तो बैठे हुए देखा, न कभी पति से बतियाते देखा।

छह महीने बीत गए, हेमन्त कभी गिरिजा के कमरे में नहीं गया। बेमन से की गई शादी को वह स्वीकार नहीं पाया था। सरिता ने वशीकरण का ऐसा मंत्र फूँका था कि गिरिजा का रूप, लावण्य, सेवा और सादगी उसका मन नहीं मोह पाए। सरिता पुनः अपने छज्जे में आकर खड़ी होने लगी, पहले से भी अधिक बेबाकी के साथ और धीरे-धीरे पुनः वे दोनों टूटे प्रेम को जोड़ने में जुट गए।

समय अपने पंख फैलाए उड़ता गया और दो वर्ष बीत गए। एक दिन लोगों ने गिरिजा को गला फाड़-फाड़ कर रोते और विलाप करते सुना। कारण यह था कि उसके मायके से एक पोस्टकार्ड आया था, जिसका एक

कोना फटा हुआ था। सन्देश था कि सोलह-सत्रह साल के भाई की मृत्यु हो गई है। गिरिजा उस दिन आँगन में पैर फैलाए बेसाख्ता रो रही थी, आँचल ढलका हुआ था और मुख अनावृत्त। लोगों ने पहली बार उस रूपमाधुरी को देखा। मानो एक कसी हुई बन्द पोटली खुलकर बेतरतीबी से बिखर गई हो। उसकी ननद उसे पानी पिलाकर शान्त करने का प्रयास कर रही थी।

उसी शाम ससुर गिरिजा को लेकर उसके मायके चल दिए। उन्हें मन-ही-मन क्षोभ था कि बहू की इस दुखद मनःस्थिति में भी हेमन्त उसे लेकर ससुराल जाने को तैयार न हुआ। पिता के लताड़ने पर भी ठूँठ बना रहा। अन्ततः ससुर के साथ ही लम्बा घूँघट काढ़े गिरिजा मायके की ओर चल पड़ी।

उसके जाने के बाद गिरिजा के प्रति सहानुभूति रखनेवाले सभी पड़ोसी हेमन्त की निष्ठुरता की आलोचना करने लगे।

"कैसी कर्मठ बहू है, दिन-रात कोल्हू के बैल-सी खटती रहती है।"

"अब पता लगेगा—देखना, तेरह दिन तक कौन चूल्हा-चौका सँभालता है।"

"बेचारी गाय है, बाप ने जिस खूँटे बाँध दिया, बँधी है।"

इस तरह पड़ोसी अपने-अपने ढंग से गिरिजा के दुख में परोक्षतः भागीदारी दिखा रहे थे। पर अगली शाम ही लोगों ने बहू और ससुर को घर लौटते देखा तो अचम्भित रह गए। हेमन्त के पिता ने बताया कि गिरिजा का भाई बिल्कुल स्वस्थ और सानन्द है। तीन दिन पहले उसके सिर पर कौआ बैठ गया था। इसी अपशकुन को टालने के लिए करीबी रिश्तेदारों में मृत्यु की झूठी खबर फैलाई गई।

इस घटना की चार-पाँच दिन तक खूब चर्चा होती रही। औरतें ठठाकर हँसती थीं। बच्चे यह किस्सा चटखारे लेकर सुना रहे थे। कुछ लोग गिरिजा के भाई को सकुशल जान आश्वस्त हुए तो कुछ ने अन्धविश्वास की जमकर आलोचना की। जो हो, इस घटना के बाद मुहल्लेवासियों के हृदय में गिरिजा के प्रति ढेर सारी सहानुभूति पैदा हो गई थी।

अगले दिन से गिरिजा ने पुनः वही आवरण ओढ़ लिया—वही

कर्मण्यता, वही धैर्य, वही सादगी, वही यवनिका।

हेमन्त के बाद आस-पड़ोस में तीन-चार और लड़कों के विवाह हुए, सन्तानें हुईं किन्तु हेमन्त ने कभी गिरिजा की ओर पलटकर नहीं देखा। न ही गिरिजा ने कभी अपना दाम्पत्य अधिकार माँगा। यह युगल पहले लोगों की उत्सुकता का केन्द्र बना रहा, फिर आशा का। वे आश्वस्त थे कि सब लड़के विवाह के बाद जोरू के पल्लू से बँध ही जाते हैं किन्तु हेमन्त और गिरिजा के विवाह को सात साल बीत गए। गिरिजा न जाने कौन-सा कर्ज चुकाने इस घर में आई थी जो मूक रहकर क्रीतदासी की तरह अपना कर्तव्य निभा रही थी, बिना कोई अधिकार माँगे।

हेमन्त की प्रेयसी सरिता अपने घर में विवाह न करने की उद्घोषणा कर चुकी थी। माता-पिता ने लाख समझाया पर पुत्री के अडिग निर्णय के सामने परास्त हो गए। अन्ततः उसके छोटे भाई का विवाह कर दिया गया।

सरिता अट्ठाइस की उम्र पार कर चुकी थी। अब घर में कोई उसकी शादी की चर्चा न करता। उस जमाने में इस उम्र की लड़की के लिए योग्य वर मिलना आसान न था। आज का समय होता तो हेमन्त पत्नी को तलाक देकर सरिता से विवाह कर लेता। ऐसा नहीं कि सरिता ने उस पर गिरिजा को तलाक देने का दबाव न डाला हो, किन्तु उस भीमकाय कायर पुरुष में इतनी हिम्मत होती तो गिरिजा के साथ विवाहमंडप में फेरे ही क्यों लेता।

सरिता को अब हेमन्त पर रोष होता। पिछले सात-आठ वर्षों से वह अपने प्रेमपादप को पोस रही थी। मध्ययुगीन रानियों के काले हब्शी दासों की तरह हेमन्त उसे अपने गुलाम सरीखा लगता। शायद उसका नारीमन स्वामित्व की छाँह खोज रहा था। हेमन्त उसकी मान-मनव्वल करता, न वह विशेष कमाता, न उसकी कोई सामाजिक हस्ती थी। जब वह बुलांती दुम हिलाता तयशुदा ठिकाने पर पहुँच जाता। दोनों घूमते-फिरते, किन्तु अब आनन्द के बजाय अवसाद के क्षण ज्यादा होते क्योंकि सरिता उसे गिरिजा को छोड़ने को कहती और वह इस प्रसंग के छिड़ते ही घबरा जाता।

हेमन्त के पलायनवादी रवैये के कारण दोनों में विवाद बढ़ने लगा और

सम्बन्धों में खटास आने लगी। हेमन्त सरिता के आक्रामक तेवरों के कारण उससे मिलने की आतुरता खोने लगा। फिर कुछ ऐसा हुआ जिसकी दोनों ने कभी कल्पना न की थी।

हुआ यूँ कि एक बार हेमन्त को तेज बुखार हुआ और वह घर में ही चक्कर खाकर गिर पड़ा। डॉक्टर ने मुआयना किया तो टायफाइड निकला।

दस दिनों तक वह खटिया पर पड़ा रहा। तेज ज्वर में बेहोशी-सी छा जाती। गिरिजा माथे पर ठंडे पानी की पट्टियाँ रखती। हाथ और तलवों की मालिश करती। आठ वर्षों में पहली बार उसे पति को छूने का मौका मिला था। शुरू-शुरू में हेमन्त ने बेरूखी दिखाई। वह दवा पिलाने आई तो उसने हाथ से परे ढकेल दिया। काँच की शीशी टूट गई, दवा बिखर गई पर हेमन्त का वैराग्य न टूटा। जो हेमन्त सरिता के तलवे चाटता था, गिरिजा के सामने उसका पुंसत्व जाग उठता और वह फुफकारने लगता। पर आज रोगी काया ने जैसे अवश कर दिया था। काँच के टुकड़े समेटती गिरिजा को वह चुपचाप देखता रहा।

गिरिजा की अहर्निश सेवा-सुश्रुषा ने हेमन्त को दस दिन में उठने लायक बना दिया। उधर सरिता को हेमन्त की बीमारी की खबर हुई और वह उसे देखने को विकल हो उठी। दिन में दस-दस बार वह अपने छज्जे पर ऐसे चहलकदमी करती जैसे कोई व्याकुल गौरैया अपने नवनिर्मित घोंसले के आस-पास फुदकती रहती है। पर जब दस दिनों तक उसे हेमन्त के दर्शन नहीं हुए तो मन-ही-मन एक लक्ष्य साधकर वह उठी, पैरों में स्लीपर पहने और उसी स्थिति में हेमन्त के घर आ धमकी।

हेमन्त के घरवाले उसके अप्रत्याशित आगमन से पलभर को स्तब्ध रह गए। वह कुछ बोले बिना घर में घुसी और पलँग पर बैठे हेमन्त की ओर जैसे ही लपकी, हेमन्त के पिता गरजे—"बेशरम, कहाँ घुसी जा रही है, निकल बाहर...।" बरसों से दबा ज्वालामुखी फूट पड़ा।

जवान बेटे पर तो अंकुश नहीं लगा पाए, आज सारे टंटे की जड़ को सामने देखकर उबल पड़े। सरिता की बाँह पकड़कर उन्होंने उसे द्वार की ओर घसीटा। सरिता इस आकस्मिक स्थिति के लिए तैयार न थी। उसने

झटके से खुद को छुड़ाया और कमरे में मौजूद लोगों को आँखों से तरेरते हुए हेमन्त की ओर देखा। इस दृष्टि में अनुराग, आग्रह, अधिकार और आक्रोश का मिश्रित भाव था, पर यह क्या, हेमन्त ने प्रतिक्रिया में नजरें झुका लीं। सरिता पर घड़ों पानी पड़ गया। वह तीव्रता से मुड़ी और लम्बे डग भरती हुई अपने घर की ओर चल दी।

सरिता जैसी उन्मुक्त और मानिनी युवती हेमन्त के घर पर मिली अवमानना और हेमन्त की तटस्थता से बुरी तरह आहत हो गई थी। आज उसमें न क्रोध की फुफकार थी, न आक्रोश की अग्नि। जली हुई रस्सी की ऐंठन जैसे बुझी हुई राख में नजर आती है...विवश और लाचार..., वैसी ही सरिता की मनःस्थिति थी। क्षत-विक्षत स्वाभिमान के कतरों को किसी तरह उसने समेटा। आज उसका मोहभंग हो गया था। भारी कदमों से लौटते हुए उसने मन-ही-मन प्रण किया कि अब और नहीं...और सचमुच उसी पल से उसने हेमन्त को त्याग दिया।

सरिता के दर्प, हेमन्त की कायरता और गिरिजा के धीरज ने मिलकर पिछले आठ वर्षों में सम्बन्धों का जो त्रिकोण बनाया था, उसकी एक भुजा आज छिटककर अलग हो गई। शायद तीनों का परस्परविरोधी स्वभाव ही उन्हें अब तक एक-दूसरे से जोड़े हुए था। हेमन्त सदा सरिता के प्रेमपाश का पंछी बना रहा। आज अचानक उस बन्धन के खुलते ही वह विचित्र स्वच्छन्दता का अनुभव करने लगा। मानो कोई नया चूजा डरते-डरते पहली उड़ान भरता है और फिर जल्द ही उसे अपने डैनों की मजबूती का एहसास हो जाता है, और क्यों न हो गिरिजा के रूप में उसकी टूटती साँसों को थामनेवाली पेड़ की दूसरी शाख तो थी ही। हेमन्त की बीमारी के घटनाक्रम के बाद गिरिजा के साथ उसके सम्बन्धों में प्रगाढ़ता आने लगी।

एक वर्ष बाद गिरिजा ने पहले पुत्र को और चार वर्षों बाद दूसरे पुत्र को जन्म दिया। उद्दाम झरने-सा उच्छृंखल हेमन्त अब पैंतीस की वय में मर्यादित पति और जिम्मेदार पिता बन चुका था।

गिरिजा का पति बनने के साथ ही उसके जीवन में जबरदस्त परिवर्तन आया। राजधानी के एक बड़े शोरूम में उसने सेल्समैन की नौकरी कर ली। रूप तो कामदेव-सा था ही। सरिता के साहचर्य में बड़े-बड़े रेस्तराँ में पार्टी-

पिकनिक के बहाने सम्भ्रान्तवर्ग के तौर-तरीके, चाल-ढाल और शैली भी सीख चुका था। नौकरी के दौरान ये भाव-भंगिमाएँ उसकी प्रगति में सहायक बनीं। यहाँ तक कि हेमन्त को पुरुषों के लिए रेडीमेड परिधान बनानेवाली एक बड़ी कम्पनी ने मॉडलिंग के लिए साइन कर लिया। जो सुनता हेमन्त के भाग्य पर रश्क करता।

गिरिजा ने भी एक मॉडल की पत्नी की जीवनशैली अपना ली। सास-ससुर की मृत्यु के बाद वह पति के साथ नए फ्लैट में सुखद जीवन बिताने लगी। दोनों बच्चे मिशनरी स्कूल में पढ़ने लगे। नियति हेमन्त पर सुखों की बरखा कर रही थी।

जबकि सरिता का जीवन हेमन्त से विलग होने के बाद एकाकी, रुक्ष और बेमानी हो गया था। उसकी तड़प, छटपटाहट ने धीरे-धीरे उदासीनता और निष्क्रियता का रूप अख्तियार कर लिया था।

हेमन्त के प्रथम पुत्र के जन्म के बाद सरिता के लिए जीवन का एक अध्याय समाप्त हो गया था। फिर हेमन्त का उस इलाके को छोड़कर अपने नए घर में जाना और सरिता की माँ की मृत्यु—इन दो घटनाओं ने सरिता को नदी की विरलधारा की तरह गतिहीन-सा बना दिया।

पिता सत्तर की उम्र पार कर चुके थे। पर सामने डोलती चिरवियोगिनी परित्यक्ता-सी बेटी को देखकर उनके दिल में हूक उठती। कभी जो घर इतना भरा-पुरा था आज वहाँ दो क्लान्त जीव निष्प्राण-सा जीवन बिता रहे थे।

हेमन्त के जीवन में सुखों की बरखा करते-करते शायद नियति को त्रिकोण से छिटकी उस भुजा का स्मरण हो आया और वह सरिता की जीवन-सरणि की ओर लपकी।

वर्षों बाद कुछ ऐसा संयोग बना कि सरिता की बड़ी बहन उसके लिए एक रिश्ता लेकर आई। पिता की बूढ़ी आँखें चमक उठीं पर सरिता को कौन समझाए—इस विचार के त्वरित झोंके ने आशा की लौ को बुझा डाला और ब्रजकिशोर के मन में अँधेरा छा गया।

अब यह नियति का खेल नहीं तो और क्या था कि जो सरिता जीवनभर विवाह-प्रस्ताव को ठोकर मारती रही, आज अपने स्वभाव के

प्रतिकूल और पिता की आशा के विपरीत अनायास उसने बहन के सम्मुख हामी भर दी और अन्ततः बहन द्वारा प्रस्तावित एक आप्रवासी विधुर से अड़तीस वर्ष की उम्र में सरिता का विवाह हो गया और वह सदा के लिए कनाडा चली गई।

जुगनी

चिलचिलाती धूप में भी शहर की इन सँकरी गलियों में बनी हवेलियाँ दरख्तों के नीचे उगे कुकुरमुत्तों की तरह ठंडी और नम प्रतीत होतीं क्योंकि मकानों की छतों को छोड़कर नीचे की मंजिलों का स्पर्श सूर्यदेवता के लिए दुर्लभ था।

गरमी की छुट्टियों में दोपहर गृहिणियों के लिए बड़ी सुखद हुआ करती थी। न बच्चों के स्कूल से आने की प्रतीक्षा, न उन्हें खिलाने-पिलाने की फ़िक्र। सब काम निपटाकर अक्सर वे शयनागार में एक-आध घंटे झपकी लेने चली जातीं। बच्चों को भी पटक कर, दबोचकर सुलाने का प्रयास किया जाता ताकि माताओं की नींद में बाधा न पड़े। कुलबुलाते, ना-नुकुर करते छोटे बच्चे जल्दी ही आँचल के आकाश तले सम्मोहित हो जाते और पलकों के कपाट बन्द हो जाते।

उस दिन भी ऐसी ही अलसायी दोपहर थी, तभी नीरवता को भंग करती धम-धम की आवाज वातावरण में गूँज उठी। एक निश्चित अन्तराल के साथ लगातार यह आवाज आ रही थी। मैं धीरे से किवाड़ खोलकर बाहर आई, पहली मंजिल पर बनी पत्थर की रेलिंग से नीचे झाँकने की कोशिश की। पंजों के बल उचककर बमुश्किल रेलिंग तक पहुँची और कौतूहल के भरी मेरी आँखें नीचे चौकोर आँगन में मसाला कूटती जुगनी पर जम गईं। बड़ी सफाई से उसके हाथ का मूसल हवा में उछलता और लोहे के

हमामदस्ते में रखे मसाले पर चोट करता। जुगनी ने धोती का पल्लू नाक को ढकते हुए कान के पीछे खोंस रखा था। दोनों टाँगें फैलाकर उनके बीच बोरे की मोटी तह पर हमामदस्ता रखा था, ताकि मसाला कूटने की भारी आवाज कर्णभेदी न प्रतीत हो।

उस समय जुगनी की सिर्फ आँखें ही दिख पा रही थीं। पर मैंने उसका चेहरा देखा था...लगभग रोज ही देखती थी। गेहुँआ रंग, साधारण रंग-रूप, चौंतीस-पैंतीस साल की उम्र में भी वह लम्बी छरहरी थी। नीचे की मंजिल पर रहनेवाले चार किरायेदारों में से एक—जुगनी अपने दो बेटों को मशक्कत से पाल रही थी।

गली के सभी धनाढ्य घरों में उसका आना-जाना था। वैश्य बिरादरी के उस मुहल्ले में दो-चार ब्राह्मण जाति के परिवार भी रहते थे। पूरा मुहल्ला निरामिष और शुद्ध खान-पानवाला, प्याज-लहसुन से कोसों दूर, हींग-गरममसाले की सब्जी-तरकारी का अभ्यस्त होने के कारण हाथ से कुटे-पिसे मसालों का ही प्रयोग करता था। जुगनी मुहल्ले-भर के मसाले पीसती थी—हल्दी, धनिया, लालमिर्च, अमचूर और गरममसाला। हर रसोई में छनकता छौंक बयार में एक-सी खुशबू फैलाता।

सालों मैंने जुगनी को यूँ ही मसाले कूटते-छानते देखा। जब थोड़ी बड़ी हुई तो एक बात बहुत खटकती थी क्योंकि मुहल्लेभर में आवाजाही करनेवाली यह कर्मठ औरत मेरे घर नहीं आती थी। हालाँकि माँ सालों-साल उसी से मसाले कुटवाती रही किन्तु द्वार से ही सामग्री का लेन-देन होता। बाद में कुछ-कुछ समझ में आया कि उसका हमारी ड्योढ़ी लाँघना वर्जित था। यहीं से जुगनी मेरे कौतूहल का विषय बनी।

पिताजी प्रकांड विद्वान और शास्त्रज्ञ थे। साथ ही कट्टर हिन्दूवादी... हमारे घर में जूतोंसहित प्रवेश वर्जित था। जीवनचर्या बेहद संस्कारी... राज-मिस्त्री या बढ़ई की जरूरत होती तो उसके धर्म और जाति का विशेष ध्यान रखा जाता कि कहीं म्लेच्छ न हों। मेरे घर की परम्पराओं के मूक संकेत को जुगनी समझती थी। वह जाति से शूद्र थी इसलिए हमारी चौखट की लक्ष्मणरेखा का उसने आजीवन उल्लंघन नहीं किया।

एक बार मुहल्ले की शादी में जुगनी को घूमर नृत्य करते देखकर मैं

बहुत हैरान हुई थी। उस शान्त औरत को ऐसे चंचल हाव-भाव में पहले कभी नहीं देखा था। कुछ वर्षों बाद जाना कि मुझे अचम्भित कर देनेवाली उस दिन की जुगनी की छवि कभी उसकी नैसर्गिक भाव-भंगिमा हुआ करती थी। उस औरत का साधारण-सा वजूद कुछ असाधारण घटनाओं को अपने में समेटे था, जो परत-दर-परत आज मेरी स्मृतियों में अनावृत्त होना चाहता है।

जुगनी अतीत की एक इबारत थी जिसे राजस्थान के रेतीले टीलों पर शमशेर सिंह ने लिखा था। टीकमगढ़ से सटे जोधा दुर्ग के आस-पास रजवाड़ों के कारिन्दों के गाँव थे। वहीं कुछ किलेनुमा मकान जो खँडहर हो चुके थे, उनके मालिक धड़ाधड़ उन्हें ढहवाकर नई इमारतें बनवा रहे थे। सरकार आस-पास के अधिकतर खँडहरों को सरकारी धरोहर घोषित कर चुकी थी क्योंकि अनेक दशकों से उनका कोई दावेदार नहीं था। ऐसे में निकटवर्ती शहरों में मौजूद मकानमालिक अपनी बची-खुची जायदाद बचाने के लिए पुनर्निर्माण के कार्यों में लगे थे। ऐसे ही एक खँडहर को इमारत में तब्दील करने का कार्य ठेकेदार शमशेर सिंह को गिला। भारी तादाद में मजदूरों की बहाली हुई। पुरुषों के साथ-साथ स्त्रियों को भी भरती किया गया।

एक दोपहर काम का मुआयना करते शमशेर सिंह की नजर बालू के ढेर के किंचित् समतल शिखर पर घूमर करती एक आकृति पर पड़ी। बालू के ढेर के चारों ओर तमाशाई बच्चे और कुछ मजदूर औरतें काम छोड़कर खड़े थे। बड़ी-बड़ी मूँछोंवाला पग्गड़धारी ठेकेदार गरजा--

''रै छोरी...काम की दुश्मण, मेला घूमणे आई है या मजूरी करने, ससुरी! अठे आ।''

अस्सी कली के घाघरे का विशाल घेरा भँवर की तरह सिकुड़ा और फिर धरती के गुरुत्वाकर्षण से मानो नीचे को खिंच गया। आकृति कूदकर अपराधी मुद्रा में ठेकेदार के सामने खड़ी हो गई।

''स्साली...'' कहते-कहते शमशेर सिंह की जुबान थम गई।

फागुन में उम्र की सत्रहवीं सीढ़ी चढ़ चुकी जुगनी की ठोढ़ी और दोनों आँखों के कोनों पर गोदनों से सजा वह बाँका रूप ठेकेदार को घायल कर

गया। जुगनी ने हठीली नायिका की तरह कनखियों से ठेकेदार के क्रोध को भाँपने का प्रयास किया पर कँटीली नजर ने क्रोध का उफान शान्त कर दिया।

सप्ताह भर बाद जुगनी ठेकेदार की जागीर बन चुकी थी। ठेकेदार शादीशुदा था पर जुगनी एक बोतल शराब के नशे जैसी नहीं थी जो रात को चढ़ा और सुबह उतर गया। ठेकेदार ने चार-पाँच बरस तक जुगनी को गाँव के दूसरे छोर पर अपने पुराने घर में रखा और पत्नी के विरोध का दमन करते हुए जुगनी से सम्बन्ध बनाए रखा।

ठेकेदार की पत्नी पति पर एकाधिकार चाहती थी जो जायज था किन्तु पिछले कई वर्षों से वह ठेकेदार की वंचना और उपेक्षा की शिकार थी। कई बार पति से तू-तू, मैं-मैं हुई किन्तु सब व्यर्थ। एक दिन इसी विषय पर ठेकेदार से कहा-सुनी होने पर कुंठाग्रस्त पत्नी कुएँ में कूद गई। गाँव के एक जवान लड़के ने, जो कुशल तैराक था, कुएँ में छलाँग लगाकर तुरन्त उसे बचा लिया। पत्नी की इस अप्रत्याशित प्रतिक्रिया से पहली बार ठेकेदार घबरा गया। गाँव के बुजुर्गों के दबाव व लोकापवाद के चलते वह जुगनी को—उसके दो बेटों, जिनकी उम्र क्रमशः ढाई वर्ष और एक वर्ष थी—साथ लेकर दिल्ली आ गया और शहर के पुराने इलाके के उस किलेनुमा मकान में किराए पर बसाकर चला गया।

जुगनी जुझारू थी। जीवन के इस नए परिवर्तन को उसने नियति समझकर स्वीकार कर लिया। शुरू-शुरू में मकान के अन्य किराएदारों की आँखों में उसका आचरण खटका। न माथे पर बिन्दिया, न सुहाग-सिन्दूर, न हाथों में चूड़ियाँ, न पायल-बिछिया। जुगनी का सादगीभरा यौवन प्रश्नचिह्न की तरह लोगों की निगाहों में गड़ता।

वह ब्याहता है कि परित्यक्ता—अगल-बगल की औरतें कानाफूसी करतीं। महीने-पन्द्रह दिन में ठेकेदार आता, एक-आध दिन रहकर चला जाता। फिर जुगनी अकेली हो जाती। आस-पड़ोस में लोग उसे शंकालु दृष्टि से देखते। आँगन में लगे नल से पानी भरने की भी उसे मौन मनाही मिली। जुगनी को गली के अन्तिम छोर पर लगे बरमें (हैंडपंप) से पानी लाना पड़ता। बच्चों को भी वह यथासम्भव अपने किराए के कमरे में ही रखती।

बड़ा बेटा अन्य किराएदारों के बच्चों को खेलता देख बाहर जाने को मचलता किन्तु जुगनी उसे जाने नहीं देती।

लगभग दो महीने बाद एक ऐसी घटना घटी जिसने जुगनी को सदा के लिए इस मुहल्ले से जोड़ दिया।

हुआ यूँ कि पन्द्रह-बीस दिन पहले ही गली के एक रईस उग्रनारायण की पत्नी सावित्री देवी ने जुगनी को अपने घर साफ-सफाई के लिए रखा। उन्हीं दिनों उनकी बहू, नौ बरसों के लम्बे इलाज, पूजा-पाठ, झाड़-फूँक, पीर-फकीर की दवा-दुआ के बाद पहली बार माँ बननेवाली थी। अन्य दो छोटी बहुएँ पहले ही पुत्रवती हो चुकी थीं। उग्रनारायण और उनकी पत्नी बड़ी बहू को लेकर बेहद चिन्तित थे। कहीं कोई अनिष्ट न हो जाए। एक-एक दिन गिनते-गिनते बहू ने गर्भावस्था का आठवाँ महीना पूरा किया, किन्तु आधी रात को अकस्मात् उसकी तबीयत बिगड़ने पर अस्पताल जाना पड़ा। जच्चा को उच्च रक्तचाप की शिकायत देख डॉक्टरों ने तुरन्त ऑपरेशन कर समय से पूर्व ही बच्चे को गर्भ से निकाल लिया किन्तु बहू की हालत और भी गम्भीर हो गई।

दो दिनों तक नर्सों ने नवजात शिशु को रुई की बत्ती बनाकर दूध पिलाया और तीसरे दिन उसे घरवालों को सौंप दिया। सावित्री देवी पोते को सीने से चिपकाए घर आ गई, किन्तु दो दिनों बाद भी बच्चे को माँ का दूध नसीब न होता देख चिन्तित हो गई, क्योंकि बहू का अभी भी अस्पताल में इलाज चल रहा था।

जुगनी सावित्री देवी के कमरे में पोंछा लगा रही थी। शिशु भूख से बिलख रहा था। अचानक उनकी नजर जुगनी पर पड़ी। आँखें मिलते ही जुगनी के शरीर में अजीब-सा कम्पन हुआ। वह कुछ कहती, इससे पूर्व सावित्री देवी ने शिशु को जुगनी की ओर बढ़ा दिया। एक माँ ने दूसरी माँ की आँखों की मौन भाषा को पढ़ लिया। पलभर में आँचल से हाथ पोंछकर जुगनी ने बच्चे को गोद में ले लिया और कमरे के कोने में बैठकर मातृत्व को तरसते उस नन्हे मनुज को दुग्धपान कराने लगी। उस समय सावित्री देवी की मनःस्थिति विचित्र थी। वे याचक भाव से अपने कुलदीपक की संजीवनी बनी उस सेविका को ताकती रहीं।

यह दुग्धपान का क्रम लगभग आठ दिनों तक चला। जुगनी निष्काम भाव से अपने पुत्र के हिस्से के मातृत्व से उग्रनारायण की वंशबेल को सींचती रही। नौवें दिन उनकी बहू अस्पताल से आई। तब तक उग्रनारायण का परिवार जुगनी का ऋणी हो चुका था। पूरा मुहल्ला इस घटना का मूक साक्षी था। नियति ने मानो जुगनी के लिए लोगों का दिल जीतने का यह संयोग रचा था, जिसके बाद उनके दिलों में सुलगते पूर्व के अनुत्तरित प्रश्नों ने खुद ही दम तोड़ दिया और जुगनी मुहल्ले भर में स्वीकार्य हो गई।

धीरे-धीरे वह हवेली के अन्य परिवारों की जरूरत बनती गई। किसी के यहाँ गृहिणी बीमार पड़ जाए तो वह कपड़े धोने चली जाती। मुहल्ले में कोई गर्भिणी हो तो जुगनी की माँग होती। जच्चा-बच्चा की मालिश हो या किसी बच्चे को स्कूल पहुँचाने की जिम्मेदारी, गेहूँ धोने, फटकने का काम हो या दीवाली की सफाई—जुगनी हर मर्ज की दवा थी। लोभ उसमें नाममात्र को भी न था। दृढ़ चरित्र और शान्त स्वभाव की। कभी किसी से रुपए-पैसे की माँग न करती। जो जितना देता, सहर्ष स्वीकार लेती।

कुछ महीनों बाद ठेकेदार के आने का अन्तराल बढ़ता गया। अब वह चार-छह महीनों में एक बार आता, पर जुगनी को अब यह न अखरता क्योंकि उसे इस मुहल्ले के रूप में एक वृहद परिवार मिल चुका था।

जुगनी ने अपने जीवन के चार दशक उस मुहल्ले में गुजारे। दोनों बेटों को पाल-पोस कर बड़ा किया। दोनों की नाव को अपना-अपना किनारा मिला। रोजी-रोटी उन्हें मुहल्ले से दूर ले गई किन्तु जुगनी का भाग्य उसी चौखट से जुड़ा था। कितने ही बसन्त आए, कितने ही पतझड़ बीते पर यह मुहल्ला उसकी कर्मभूमि बना रहा और आजीवन यह कर्मयोगिनी अपने सेवा कार्य में लीन रही। आखिर शरीर ने साथ छोड़ा और जुगनी ने खटिया पकड़ ली। मुहल्लेवालों ने खबर की, दोनों आज्ञाकारी बेटे आए। माँ की सेवा बहुत की किन्तु एक दिन बुलावा आ ही गया और जुगनी चल बसी।

पूरा मुहल्ला नम आँखों से जुगनी को विदा कर रहा था। उसकी अर्थी को कन्धा देनेवालों में एक कन्धा उग्रनारायण के पोते का भी था, जो अपनी आठ दिनों की माँ को श्रद्धांजलि देने आया था।

वनवास

पं. शिवनाथ ज्योतिष के अच्छे ज्ञाता होने के साथ विद्वान कर्मकांडी भी थे। समीप के चार गाँवों में उनकी यजमानी फैली थी।

एकादशी की कथा हो या पूर्णमासी का उद्यापन, किसी का नामकरण संस्कार हो या चूड़ाकरण, जनेऊ या शादी, जन्मदिन या अन्नप्राशन– पं. शिवनाथ एक आदृत पुरोहित के रूप में यजमानों की पहली पसन्द थे। अलस्सुबह घर से निकलते और साँझ ढले ही चौखट पर लौटते। बीच-बीच में यजमानों के यहाँ से झोला भर-भर सामान आता रहता क्योंकि पं. शिवनाथ एक घर से दूसरे घर निकल जाते। सामान कहाँ ढोते फिरते, सो यजमान उनके हिस्से का अन्न, फल, मिठाई, दक्षिणा, हलवा-खीर, वस्त्रादि बड़ी श्रद्धा से उनके घर पहुँचा देते।

उनका घर पहाड़ी की ऊँचाई पर स्थित था, जहाँ से 'यू-टर्न' लेती सर्पीली पगडंडियाँ साफ दिखतीं, अतः जब भी कोई झोलाधारी पहाड़ की उन सँकरी सरणियों में दृष्टिगोचर होता और घर की दिशा में आता दिखाई देता, पं. शिवनाथ की दोनों बेटियाँ–कस्तूरी और केसर–उत्साहित हो उठतीं। छोटा भाई माणिक बहनों की पूँछ बना उनके पीछे-पीछे घूमता रहता।

शिवनाथ की गृहिणी हेमांगी लाल-पीले चौकोर कपड़ों की पोटलियाँ खोलतीं। फूल, अक्षत, सुपारी, जनेऊ, ताम्बूल और मौली में से पंचमेवा

चुनती और चढ़ावा बटोरती। दो डिब्बों में सुपारियाँ और जनेऊ छाँटकर रखतीं। कस्तूरी अवशिष्ट की पोटलियाँ घर के पिछवाड़े रखे पुराने टूटे पेड़ू (लकड़ी का ढोलनुमा पात्र जिसमें अनाज रखा जाता है) में उलट आती और कपड़ों को रंग निकलने के लिए पानी में डुबो देती। माँ रसोई की ओर बढ़ जाती। छोटी बेटी केसर सिक्कों की खनक से मोहित होकर अठन्नी, चवन्नी और एक रुपए के सिक्कों की ढेरियाँ बनाती, भाई माणिक भी इस काम में उसकी मदद करता।

कस्तूरी पाँचवीं कक्षा में पढ़ती थी और केसर दूसरी में। भाई का भी इस वर्ष प्राथमिक पाठशाला में दाखिला हुआ था। कस्तूरी घर की बड़ी सन्तान थी—लाड़ली और समझदार। माँ की सहायिका, पिता की मंत्रिणी और छोटे भाई-बहन की संरक्षिका। दस वर्ष की उम्र में उसमें पन्द्रह साल की लड़कियों जैसी परिपक्वता दिखती।

पं. शिवनाथ के घर खाने-पीने की कोई तंगी न थी वरन् दूध-दही की नदियाँ बहतीं। नोटों का अम्बार भले ही न हो पर अपनी नेकी, विनम्रता, विद्वत्ता और मृदुलवाणी से उन्होंने प्रतिष्ठा का प्रासाद ज़रूर खड़ा कर लिया था। गाँव-भर में लोग उनके नाम की सौगंध उठाते और सामने पड़ जाने पर उनके आगे विनत हो जाते।

एक सुबह केयूर गाँव में बाऊड़ी से लेकर पाठशाला के दालान तक मर्द-औरतों में एक ही चर्चा थी।

—कलयुग में पापी फलते-फूलते हैं और पुण्यशालियों का क्षय होता है।

—सज्जनों की तो भगवान को भी दरकार होती है, इसीलिए उन्हें जल्दी बुला लेता है।

सारा गाँव स्तब्ध था। सदाचारी पं. शिवनाथ यों अकाल-मृत्यु को प्राप्त होंगे, किसी ने न सोचा था। कल रात कै हुई, पेट में शूल उठा और आज सुबह वज्रपात...।

उस ज़माने में बीमारी दबे पाँव आती थी और रहस्यात्मक ढंग से रोगी को निगल जाती थी। चिकित्सा सुविधाओं का अभाव था। नीम हकीम पुड़िया-शर्बत से उपचार करते थे। ज्वर, सिरपीड़ा, उदरपीड़ा आदि का तो

घरेलू उपचार ही होता था। यातायात के प्रचुर और त्वरित साधन भी न थे जो रोगी को शहर ले जाकर डॉक्टरों को दिखलाया जा सके।

"खैर, जो होना था, सो हुआ।" सरपंच व गाँव के गणमान्यजनों ने कस्तूरी के सिर पर हाथ रख सान्त्वना के बोल बोले, जो परदे की ओट में खड़ी हेमांगी तक प्रसारित हो गए।

"पंडिताइन, चिन्ता तन-मन को सोखती है, दुख के पहाड़ को झेलना होगा। हिम्मत रखो, हम सब साथ हैं। पंडित जी गाँव की शोभा थे। उनका परिवार पंचायत की ज़िम्मेदारी है। भगवान भली करेंगे।"

शुभचिन्तकों के जाने के बाद अट्ठाईस बरस की हेमा तीनों बच्चों को देख फूट-फूटकर रोने लगी। कस्तूरी ने माँ को ढाँढस बँधाया और अपनी नन्ही हथेलियों से माँ के कन्धों को थपथपाया।

नई चुनौती के साथ कस्तूरी ने पिता की ज़िम्मेदारियों को अपने कोमल कन्धों पर उठाया। पाँचवीं पास कर उसने पढ़ाई छोड़ दी। पैतृक ज़मीन पर खेती कराने से लेकर घास के पूले बनवाना, गाय दुहना, माँ की मदद करना—अब उसका काम बन गया था। सेब से लदे पेड़ों का खरीददार से मोलभाव करना भी उसकी देखरेख में होने लगा। गाँव-भर में इस सयानी लड़की का गुणगान होता। रूप की भी वह रम्भा थी। बगुले-सा उजला रंग, सोने की तारों से सुनहरी बाल और आँखों में हरे कंचे।

उम्र की सत्रहवीं सीढ़ी पार करती कस्तूरी के पाँव अचानक एक दिन ठिठक गए। बगल की बैठक में कुछ आगन्तुक हेमांगी से वार्तालाप कर रहे थे।

कान लगाने पर माजरा समझ में आया। कस्तूरी के विवाह का प्रस्ताव आया था।

"अब गाँव के बड़े ही फैसला करेंगे, मैं आपको खबर भिजवा दूँगी।" कस्तूरी ने माँ का अन्तिम वाक्य सुना। आगन्तुकों ने अभिवादन कर विदा ली। अगली सुबह सरपंचजी समेत बिरादरी के तीन-चार लोग पधारे और हेमांगी ने कस्तूरी के लिए आए रिश्ते का ब्यौरा देना शुरू किया।

"मध्यमवर्गीय परिवार का बड़ा पुत्र है। शहर में पढ़ रहा है, होनहार है; दस बीघा ज़मीन में खेती-बाड़ी है, सुखी सम्पन्न है। पंडितजी के

सदाचरण और यश से मुग्ध होकर कस्तूरी का हाथ माँग रहे हैं।''

उन दिनों वरपक्ष के लोग सुकन्या के लिए अच्छे खानदानों के आगे सौ बार जूतियाँ घिसते थे। प्रायः सुनी-सुनाई खबरों में यही प्रचारित किया जाता रहा है कि लड़कियों की सदा से बेकद्री होती आई है। शादी-ब्याह में लड़की के बाप की पगड़ी उछाली जाती है। पर पहाड़ों को देवभूमि यों ही नहीं कहते। सद्गुणों और सद्विचारों वाले भोले-भाले ग्रामीण दहेज को दानव और बेटियों को देवी का दर्ज़ा देते रहे हैं। वहाँ कुँआरी कन्या आज भी किसी के चरण नहीं छूती वरन् स्वयं समादृता होती है।

कस्तूरी के लिए आया रिश्ता हेमांगी को पसन्द था। वह उल्लसित थी। पति को मन-ही-मन प्रणाम कर बोली—आपके पुण्यों से अब आपकी बेटी की नैया पार लग जाएगी।

उसने भगवान को भी धन्यवाद दिया, पर उसके मन में उल्लास के जो फूल खिले थे, उन पर जल्द ही तुषारापात हो गया।

जैसे ही सरपंचजी ने 'परली-धार' का नाम सुना, वे उठ खड़े हुए—

''नहीं, नहीं...कभी नहीं, हमारे गाँव की लड़की 'परली-धार' नहीं ब्याही जाएगी। यह उच्च सारस्वत ब्राह्मणों का गाँव है। यह रिश्ता नहीं हो सकता।''

''पर...सरपंचजी...।''

''देखो हेमा। आखिर पंडितजी के जाने के बाद हमारी भी कुछ ज़िम्मेदारी है। लड़की को कुएँ में नहीं ढकेल सकते।'' सरपंच जी बात काटकर बोले।

''अब पता नहीं, कस्तूरी के भाग से फिर अच्छा रिश्ता आएगा या नहीं!'' हेमा कातर स्वर में बोली।

''अरे, कस्तूरी ऐसी गुणी कन्या है, उसके लिए हम श्रेष्ठ वर खोजेंगे। ऐसे थोड़े ही किसी भी गर्हित गाँव में विवाह कर देंगे।''

हेमा के शुभचिन्तक पुराणपंथियों ने इस रिश्ते को नकार दिया। जिसका उसे तनिक दुख भी हुआ पर फिर धैर्य रखा कि चलो ये सब सरपरस्त हैं तो बेटी कहीं ठिकाने लग ही जाएगी। शायद ईश्वर ने कुछ बेहतर रच रखा हो।

'राम भली करेंगे,' सोचकर हेमा से स्वयं को सान्त्वना दी।

गाँव-बिरादरी के बुज़ुर्गों ने भी अपना वचन निभाया और अगले छह महीनों में ही कस्तूरी के लिए रामपुर के भले परिवार का लड़का खोज निकाला। कुंडली-मिलान में अट्ठाईस गुण मिले और गाजे-बाजे के साथ कस्तूरी केयूर से विदा हो गई।

'परली-धार' के लोग उनका रिश्ता ठुकराए जाने के बाद से बड़े आहत थे। कस्तूरी के विवाह से कुछ पहले तक वे कई बार केयूर आकर अनुनय कर चुके थे, पर अब उन्होंने आना छोड़ दिया था क्योंकि सरपंच ने भरे गाँव के सामने उनका अपमान करते हुए कहा था–

"जाओ, जाओ, तुम्हारे गाँव से इस जनम में बारात कहीं नहीं जानेवाली है, हुँ ऽ ऽ ऽ" कहते हुए उन्होंने मूँछों पर ताव दिया था।

कस्तूरी के विवाह के बाद हेमा पर दुगुनी ज़िम्मेदारी आ पड़ी। चौदह बरस की केसर बहन जैसी सुघड़, चतुर और परिपक्व न थी वरन् कस्तूरी की छत्रछाया में उसे पितृविहीनता का विशेष आभास न हो पाया था। तो भी वह आज्ञाकारी, विनीत और शान्त थी। अतः वस्तुस्थिति के अनुसार माँ की सहायिका बनने का प्रयास कर रही थी।

इधर कस्तूरी विवाह के बीस दिन बाद पहली बार मायके आई। गाँव-भर की सखियों से मिली। माँ से एकान्त में मिलने का अवसर मिला तो गले लगकर खूब रोई। माँ की आँखें भर आईं। सोचा, बेटी भावुक हो उठी है पर अगले ही क्षण कस्तूरी ने जब व्यथा सुनाई तो माँ का कलेजा हज़ार टुकड़े होकर मानो भूमि पर आ गिरा।

कस्तूरी के ससुराल में कच्चा झोंपड़ीनुमा घर था। मिट्टी के बर्तन, बेढब-सा जीवन, न बत्ती, न कुआँ, तिस पर व्यसनी पति और कलही सास– हेमा ने माथा ठोक लिया।

जिसने आज तक सिर से आँचल न गिराया हो, ऊँचे स्वर में बात न की हो, आज चंडी बनी सरपंच समेत गाँव के बुज़ुर्गों को कोस रही थीं। क्रोध और आवेश में सिर से आँचल ढलक गया, पर गुणी बेटी को दुर्भाग्य में ढकेलनेवालों से जिरह करने पर वह तुली थी।

पर क्या करे, जो होना था, सो हो गया। आखिर तो बेटी को ससुराल

में बसाना था। कस्तूरी संस्कारों की पोटली उठाए आठ दिन बाद विदा हो गई। अपनी फूहड़ गृहस्थी को सँवारने में उसने मनप्राण झोंक दिए, पर न तो कोई पैतृक ज़मीन-ज़ायदाद थी, न पति कुछ कमाता था। अब दरिद्रनारायणों को कहाँ से पोसे।

पिता की मृत्यु के बाद माँ ने कुछ सीना-पिरोना सिखाया था, सो उसी को जीविका का आश्रय बनाने का प्रयास करने लगी। रात-रात-भर ढिबरी की अधमरी धुँधली लौ में आँखें फोड़ती और सुई से उँगलियाँ बेधती, तब चार पैसों का जुगाड़ होता।

उस दिन नहा-धोकर माँग में सिन्दूर भरने बैठी तो आईना देख मन में हूक उठी। वहीं भूमि पर बैठ गई, पिता की स्नेहमयी वाणी कानों में गूँजने लगी–

'कस्तूरी...कस्तूरी...' घर में घुसते ही वे बेटी को पुकारते थे।

'अरे, तू मेरी कपिला गाय है...।' उसके रूप-गुण और गाय सदृश सरल स्वभाव को देख वे अपनी लाड़ली को कपिला गाय कहते थे।

'पिताजी...' कस्तूरी पुकार उठी, मानो कह रही हो–देखो, अपनी कपिला गाय की हालत...वह बलि का बकरा, कोल्हू का बैल, धोबी का गधा...क्या नहीं बन गई है।

जी हुआ कि दहाड़ मारकर रो पड़े पर अपने को संयत किया और उठ खड़ी हुई। दीवार की ओर देखा। कालकोठरी से उस कमरे में टेढ़े से कैलेंडर पर बाँकी चितवन में कन्हैया बाँसुरी बजा रहे थे। कस्तूरी ने प्रणाम किया–"प्रभु! जो तेरी मरज़ी।"

कस्तूरी के दुर्भाग्य की यह शाम नहीं सुबह थी। वह नहीं जानती थी कि छह महीने बाद उसके दुर्भाग्य की भयावह साँझ आएगी जब उसका शराबी पति देसी दारू की दुकान के बाहर लुढ़का होगा और इस बार उसे एक-दो आदमी लादकर घर नहीं लाएँगे बल्कि चार कन्धे उठाकर घर से बाहर श्मशान भूमि की ओर ले जाएँगे।

अठारह बरस की भर जवान विधवा पहाड़-सा जीवन कैसे काटेगी– हेमा ही नहीं, अबकी पूरा गाँव करुणा से भर उठा। हाय, कैसा कुंडली-मिलान हुआ जो इतने विद्वान ज्योतिषी की बेटी नक्षत्रों के चक्रव्यूह में घिर गई।

उस ज़माने में सवर्ण परिवार में पुनर्विवाह की बात करना दुस्साहस ही नहीं, उस विधवा व उसके उच्चकुल का घोर अपमान भी माना जाता था।

"अरे, क्या कोई शूद्र हैं क्या जो ऐसे पाप-अनाचार की बात सोचें?" शायद कस्तूरी के पुनर्विवाह की बात छिड़ने पर कोई यही जुमला दोहराता।

कस्तूरी एक-आध महीना मायके में रही। सारा गाँव मातमपुर्सी के लिए आया पर अन्ततः उसे ससुराल जाना ही था, सो गई।

अगले दस वर्ष वह संघर्ष करके सास-ससुर का भरण-पोषण करती रही। सिलाई के साथ-साथ पास-पड़ोस में बड़ियाँ डालने, सेवइयाँ तोड़ने जैसे काम भी करने लगी। इससे निम्न स्तर के कार्य उससे कोई न कराता। उसके वैष्णव कुलगोत्र का लिहाज़ किया जाता।

अगले दो साल में उसके सास-ससुर भी मर-खप गए। वह अनाथ-सी होकर भी किंचित् मुक्ति का अनुभव कर रही थी। मानो बरसों से बँधे पंख खुल गए हों। अब नियति के प्रहार झेलने की वह आदी हो गई थी।

कुछ माह पूर्व पड़ोस में एक बंगाली शिक्षिका दीपा बनर्जी किराए पर रहने आई थी जो कस्तूरी से कपड़े सिलवाने के सिलसिले में मिली और फिर कस्तूरी के सुन्दर स्वभाव के कारण धीरे-धीरे उससे घनिष्ठ होती गई। स्कूल से आने के बाद प्रायः वह कस्तूरी को बुला भेजती। कस्तूरी मैडम को चाय बनाकर पिलाती, तरह-तरह के पहाड़ी व्यंजन चखाती। कभी चावल की कचौड़ियाँ, कभी साढ़े की चटनी, कभी आलूबुखारे का शर्बत, कभी बाबरू (मालपुए) तो कभी सिडु (भाव में पकाया व्यंजन)। अकेली होने के कारण कभी-कभी वे कस्तूरी को रात में भी अपने यहाँ रोक लेती।

दीपा बनर्जी बड़ी शिद्दत से अपनी ट्रांसफर के लिए प्रयत्नशील थी, क्योंकि उसके पति और बच्चे दिल्ली में थे। उसके लिए रामपुर का प्रवास किसी वनवास से कम न होता यदि कस्तूरी का साथ न मिला होता।

अन्ततः छह महीने बाद उसका तबादला हो गया। कस्तूरी कुछ उदास हो गई, क्योंकि उसे मैडम के रूप में एक सखी, बहन और संरक्षिका-सी मिल

गई थी।

यह बंगाली महिला कस्तूरी की जीवन यात्रा में मील का पत्थर सिद्ध हुई, जिस पर लिखी दूरी पथिक को लक्ष्य के समीप होने का अहसास दिलाती है और कभी-कभी वह उस पर बैठकर अपनी थकान भी मिटाता है।

दीपा बनर्जी के माध्यम से कस्तूरी का अपने लक्ष्य से सामीप्य जुड़ा था, परन्तु उस समय यह कोई नहीं जानता था—न कस्तूरी, न दीपा।

तबादले के बाद मैडम ने कस्तूरी के सामने दिल्ली साथ चलने का प्रस्ताव रखा जो उसके लिए नितान्त अप्रत्याशित था। पल-भर को कस्तूरी रोमांचित हो उठी। पर फिर सामाजिक बन्धन, मान-मर्यादा, गाँव-घर और माँ की ओर ध्यान जाते ही उत्साह ठंडा पड़ गया।

दीपा बनर्जी कस्तूरी से सच्ची आत्मीयता रखती थी और दिल्ली ले जाकर उसके उन्नयन हेतु सचमुच कुछ करना चाहती थीं अतः उन्होंने कस्तूरी को गाँव जाकर माँ से मशवरा करने को कहा।

कस्तूरी की माँ अब वह भीरू हेमांगी नहीं थी। अब वह एक कर्मठ, बेबाक और जुझारू महिला बन चुकी थी जिसने गाँववालों की राय लिए बिना दूसरी पुत्री केसर का विवाह एक योग्य वर से करने का स्वयं निर्णय लिया और उसका निर्णय सही सिद्ध हुआ। केसर बड़ी बहन के विपरीत सुखी-सम्पन्न है। बेटा भी पढ़ाई खत्म कर कॉरपोरेशन के दफ्तर में नौकरी पा चुका है।

कस्तूरी ने दीपा बनर्जी का प्रस्ताव सविस्तार माँ के सामने दोहरा दिया। वे यह जानकर कि कस्तूरी भी मैडम के साथ जाने को इच्छुक है, तुरन्त हामी भर दी।

"पर माँ! गाँव और बिरादरी...।" कस्तूरी ने टोका।

"भाड़ में जाएँ गाँववाले और बिरादरीवाले, तेरा जीवन बर्बाद करने वालों से मुझे कोई लेना-देना नहीं है, तू जा बेटी, जो ठीक लगे कर...शायद भगवान ने तेरे लिए कुछ रच रखा हो।" अश्रुपूरित नेत्रों से हेमा ने बेटी को विदा किया।

सचमुच दिल्ली में भगवान ने उसके लिए विचित्र संयोग रच रखा था।

शुरू में वह मैडम के परिवार में ही कुछ महीने पारिवारिक सदस्य की तरह रही। मैडम के पति ऊँचे तो नहीं पर रसूखदार स्थान पर कार्यरत थे। वे एक मन्त्री के दफ्तर में स्टेनो थे।

एक दिन मन्त्री के निजी सचिव ने बातों-बातों में किसी महिलाकर्मी की आवश्यकता ज़ाहिर की जो मन्त्री महोदय के बच्चों की देखभाल कर सके। मैडम के पति अपनी पत्नी के दबाव के कारण कस्तूरी के लिए किसी नौकरी का प्रबन्ध करने में जुटे थे।

बिल्ली के भागों छीका टूटा। तुरत-फुरत में कस्तूरी को मन्त्रीजी के बँगले पर भेजा गया और उसने नई ज़िम्मेदारी सँभाल ली। मन्त्रीजी के तीन बच्चों में दो बेटे क्रमशः बारह और नौ वर्ष के थे और आठ माह की एक बच्ची थी जिसके जन्म के समय ही मन्त्रीजी की पत्नी की मृत्यु हो गई थी।

गहरे अवसाद से ग्रसित मन्त्रीजी बच्ची का मुख नहीं देखना चाहते थे, पर राजनैतिक जीवन में व्यवधान उपस्थित न हो एतदर्थ हितैषियों ने मिलकर मन्त्री जी को वस्तुस्थिति से उबरने की प्रेरणा दी और बच्चों की ओर कर्तव्य का बोध कराया। तब निश्चय हुआ कि एक कुशल गवर्नेस के हाथ में बच्चों का लालन-पालन सौंप दिया जाए, विशेषतः उस नवजात बच्ची का।

पहले कस्तूरी झिझक रही थी। महानगर के एक अनजान घर में वह कैसे रहेगी पर जब उसे बताया गया कि मन्त्री जी मूलतः पहाड़ के ही बाशिन्दे हैं तो वह कुछ आश्वस्त हुई और इस नौकरी को स्वीकार किया।

बहुत जल्दी ही नन्हीं बच्ची के रूप में उसे मातृत्व का नवीन अनुभव प्राप्त हुआ। दोनों लड़कों को तैयार कर स्कूल भेजना, उनके खान-पान का प्रबन्ध, उनके खिलौनों-वस्त्रों और किताबों का रखरखाव, घर की व्यवस्था, दर्जन भर सेवक-सेविकाओं पर नियन्त्रण—उसके काम में शुमार था। शीघ्र ही सुघड़ कस्तूरी ने शहरी जीवनशैली व मन्त्रीजी के घर के क़ायदे-क़ानून समझ लिए।

मन्त्रीजी भी जल्दी ही जान गए कि उनके बच्चों की नई सेविका पहाड़ी है, क्योंकि उसके दखल से पाकशाला में पहाड़ी व्यंजन बनने लगे थे। एक प्रकार से वे बड़े सन्तुष्ट हुए थे। उन्हें लगा था कि जीवन फिर

से पटरी पर आ जाएगा। बच्चों के म्लान मुख खिल उठेंगे और वे पुनः राजनीति में रम सकेंगे।

कस्तूरी को मन्त्रीजी के यहाँ काम करते एक वर्ष हो गया था। उनके तीनों बच्चे उसे मासी माँ कहते और पूरा आदर देते। वह अब घर की अनौपचारिक सदस्या बन चुकी थी।

एक दिन मन्त्रीजी आत्मीयतावश कस्तूरी को बिठाकर कहने लगे—

"कस्तूरी! मैं राजनीति में इतना सफल हूँ पर जानती हो, मेरा दाम्पत्य जीवन ऐसे क्यों बिखरा?"

"क्यों साहब?" कस्तूरी उन्हें आज भी साहब कहकर ही बुलाती है।

"लोग कहते हैं हर सफल व्यक्ति के पीछे एक स्त्री होती है पर मेरे जीवन की विफलता का कारण एक स्त्री है।" मन्त्रीजी के स्वर में हताशा थी।

"सो क्यों?" उत्सुकतावश कस्तूरी ने पूछा।

"मैं कॉलेज में छात्र-नेता था, वहीं से सफलता की सीढ़ियाँ चढ़ते-चढ़ते यहाँ तक आ पहुँचा। भाग्य ने हाथ खोलकर मुझ पर धन-वैभव, मान-प्रतिष्ठा की बरसात की किन्तु मैं नहीं जानता था कि दुर्भाग्य दूसरे दरवाज़े से मेरे जीवन में बहुत पहले ही प्रवेश कर चुका था।" मन्त्रीजी ने दीर्घ श्वास ली।

"आखिर हुआ क्या था?" कस्तूरी अब विस्तार से सुनना चाहती थी।

"मेरे घरवालों ने एक लड़की के यहाँ मेरा विवाह प्रस्ताव भेजा, जो उसके घरवालों ने ठुकरा दिया और उसका रिश्ता कहीं और तय कर दिया, क्योंकि वे हमारे गाँव के इलाके को हेय समझते थे। मेरे घरवालों ने उस गाँव और लड़की वालों को नीचा दिखाने के लिए जल्दबाजी में ऐसी लड़की से मेरी शादी तय कर डाली जो एक असाध्य रोग से पीड़ित थी। क्योंकि अपने अभिमान की रक्षा हेतु उन्हें उस लड़की के विवाह से पूर्व मेरा विवाह सम्पन्न करके दिखाना था। मैं कोई प्रतिरोध न कर सका। मेरी पत्नी ने चौदह वर्ष तक मेरा साथ निभाया जिसमें लगभग छह वर्ष वह रोगशैया पर पड़ी रही। उसे एक बेटी पाने की प्रबल चाह थी सो मुझ पर दबाब डालकर आखिर तीसरी बार गर्भ धारण किया। बेटी का मुख तो ज़रूर देखा पर उसे

अपने प्राण देकर इसकी क़ीमत चुकानी पड़ी।''

कस्तूरी सब सुनकर अवाक् थी। कुछ रुककर वे पुनः बोले—''सोचता हूँ उस लड़की के यहाँ से मेरे घरवाले तिरस्कृत न होते तो शायद मेरा जीवन कुछ और ही होता। मेरे बच्चे यूँ मातृविहीन न होते। भगवान करे, वो लड़की कभी सुखी न हो...।''

कस्तूरी ने अनायास मन्त्रीजी के मुख पर अपना हाथ रख दिया। वह मानमर्यादा भूल चुकी थी। उसकी आँखों से झर-झर आँसू बह रहे थे।

मन्त्रीजी उसके व्यवहार से हतप्रभ थे। उसके आँसुओं की झड़ी से विस्मित थे। वे कुछ पूछते इसके पूर्व कस्तूरी उनके चरणों में गिर पड़ी और रोते हुए बोली—''और श्राप मत दीजिए, उसने बहुत दुख काटे हैं, उसका कोई दोष नहीं था...।''

मन्त्रीजी ने उसे हौले से उठाया और हैरान होकर बोले—''कस्तूरी... यह तुम क्या कह रही हो?''

फीकी हँसी हँसते हुए कस्तूरी ने मन्त्रीजी को देखा और बोली—''साहब, वह तो अभागी थी, नियति ने उसके आगे भरी थाली परोसकर छीन ली।''

''कस्तूरी...तुम...केयूर...ओ माई गॉड...।''

''हाँ साहब,'' कस्तूरी फफककर रो पड़ी—''भाग्य ने हम दोनों के साथ कैसा क्रूर उपहास किया है।''

मन्त्रीजी सन्न थे। वे मौन धारण कर कुर्सी पर धँस गए। सुबकती हुई कस्तूरी खिड़की के पास जा खड़ी हुई।

उस कक्ष में सन्नाटा पसरा रहा। अभी-अभी एक तूफान ने आकर दोनों के मन में भारी हलचल मचा दी थी। दोनों ठगे से रह गए। अब सम्भवतः दोनों एक-दूसरे की ओर से किसी प्रतिक्रिया की अपेक्षा रख रहे थे।

बहुत देर बाद कस्तूरी ने अपने कन्धे पर एक हाथ का कोमल स्पर्श महसूस किया। मन्त्रीजी की गम्भीर वाणी मुखरित हुई—''कस्तूरी! भाग्य से जो भूल हुई, आओ, उसे सुधार लें।''

कस्तूरी धीरे-से मुड़ी। उसे होंठ थरथरा रहे थे। भावों का ज्वार एक

बार फिर सैलाब बन फूट पड़ने को आकुल था। सजल नेत्रों से उसने वक्ता की आँखों में देखा और उनके कन्धे पर धीरे से अपना शीश टिका दिया। अभी के तूफान ने औपचारिकता के सारे तटबन्ध तोड़ डाले थे।

आज उसका चौदह वर्षों का वनवास पूरा हुआ। उसे एक अजस्र तृप्ति का अनुभव हो रहा था।

अपरिचित

गुलाब की नवांकुरित पंखुड़ी से होंठ, ईश्वराराधना में लीन पुजारी-सी अधमुँदी आँखें...नन्हीं-नन्हीं कोमल अँगुलियों को बड़े जतन से मुट्ठी में समेटे...सूरज की पहली किरण की तरह अनायास ही सबसे नाता जोड़ती... हर्षिता...एक अपरिचित आँगन में यही नाम उसे मिला, कुछ अनजान लोगों से...।

प्रारब्ध बड़ा प्रबल होता है—पूर्वजन्म और पुनर्जन्म के बीच समीकरण रेखा के समान। किसी अपरिचित के साथ दो पल में प्रेमपादप पल्लवित हो जाता है तो लगता है पूर्वजन्म का कोई नाता था और कभी वर्षों आस-पास रहनेवाले भी साथी नहीं बन पाते तो लगता है पूर्वजन्म का कर्ज़ चुका रहे थे।

हर्षिता का उस अपरिचित आँगन से कोई पुराना नाता था या अनजान लोगों पर उसका कोई कर्ज़, यह तो ईश्वर ही जाने।

बीज किसान बोता है, खेत बैल जोतता है, पंछी चोंच मारता है—कौन बोए, कौन काटे, कुदरत सबको हिस्सा बाँटे। जग की रीति निराली है, कहीं रात कहीं उजियाली है।

हर्षिता किस खेत की फसल थी, कोई नहीं जानता। पर निस्सन्देह वह किसी के लिए विकृतगलित बीज से अंकुरित विषवृक्ष-सी त्याज्य थी, जिसको अंगीकार करने कोई नीलकंठ तो प्रकट नहीं हुए पर वाह रे

सृजनहार, तूने मृदुला दी को यह दायित्व सौंप रखा था।

27 जनवरी की वह गोधूलि-बेला—श्रीमती मृदुला प्रकाश अपने बगीचे में टहल रही थीं कि उनकी चारदीवारी से सटे सड़क के कोने पर कुछ असामान्य-सी हलचल हुई...कुछ बच्चे...कुछ राहगीर...कुछ फुसफुसाहट... टोह लेने पर कुछ अस्फुट से शब्द कानों में कौंध गए...''बच्चा है।''

उन्हें पिछले पखवाड़े अखबार में छपी सनसनीखेज़ खबर याद हो आई। शहर के बाहर के नाले से एक बोरे में बँधी लाश पुलिस ने ज़ब्त की थी। तफ्तीश से पता चला था कि विवाहेतर सम्बन्धों के चलते सेना के एक अधिकारी ने अपनी पत्नी की गला रेतकर हत्या कर दी थी। नागरिकों के रोंगटे खड़े कर देनेवाली इस घटना के बाद आज अचानक— ''बच्चा है''—सुनकर मृदुला जी सिहर उठीं।

विद्युत की सी तेज़ी से लपकीं और देखकर स्तब्ध रह गईं...कूड़े-कचरे के ढेर में हरे रंग का एक पॉलिथीन बैग, जिसका मुँह बँधा हुआ था, असामान्य ढंग से हिल-डुल रहा था। आगे बढ़कर उसका बन्धन ढीला किया तो ममता का अजस्र स्रोत उनके सीने में ठाँठे मारने लगा...।

हाय...! एक जीवित मानव-शिशु...।

सारी सभ्यता, सारी संस्कृति, सारी प्रगति, सारी उपलब्धियाँ—पलभर में बौनी होकर धरती में धँसने लगीं। चुल्लू-भर पानी भी शायद इन्हें डुबोने नहीं आएगा। क्या इसीलिए हम बैलगाड़ी से उपग्रह तक पहुँचे? क्या इसीलिए मनु की सन्तान ने पहिए का आविष्कार किया ताकि वह उस पर आरूढ़ हो मर्यादा, नीति, मानवीयता और सद्गुणों से परे इतनी दूर निकल जाए कि गर्भ से निःसृत शिशु माँ की नर्म हथेलियों के बजाय कूड़े के ढेर पर आ गिरे।

यह शिशु कहाँ से आया...किसने फेंका...जैसे विचार मृदुलाजी को छू भी न सके। अपने स्थूल शरीर को विद्युतगामी पैरों पर फूल की तरह उठाए वे घर में लपकीं...धड़ाधड़ पाँच-छह फ़ोन किए...पुराना बक्सा खोला...एक नर्म तौलिया, पैंतीस बरस पुरानी बाबा की धोती निकाली। बाबा, यानी स्वाधीन भारत के पहले राष्ट्रपति स्व. राजेन्द्र प्रसाद के पुत्र...यानी मृदुलाजी के ससुर...उनके बच्चों के दादा। श्रीमती मृदुला प्रकाश राजेन्द्र बाबू की

पौत्रवधू थीं, जिन्होंने बाबा की पुरानी धोती को अपने अविवाहित पुत्रों की भावी सन्तान को लपेटने के लिए एक विरासत की तरह सहेजकर रखा था, पर आनन-फानन में उसे निकाला...दो क्षण को घूरकर देखा...किंकर्तव्यविमूढ़ता मस्तिष्क पर हावी हो...उसके पहले ही चर्र से फाड़ डाला।

बीस मिनट की अप्रत्याशित कार्यवाही में उनके घर पुलिस का काफिला, शिक्षाविद् श्रीमती सागरिका मुखर्जी, महिला उद्यमी श्रीमती बुबना, जे.वी. रॉबिन्स, डॉ. रूपम रॉय और कॉलोनी के कुछ ज़िम्मेदार नागरिक तुरत-फुरत में जुट गए...साथ में तमाशाई जनता की भीड़, जिसे आँखों से तरेरती मृदुला जी ने एक मौन चेतावनी दी और शिशु को उठाकर सब घर में ले आए।

एक पल बरबाद किए बिना डॉक्टर द्वारा बच्ची, जी हाँ, वह एक बच्ची थी—को प्लेसेंटा से जुदा कर ज़रूरी चिकित्सा की गई। समाज की निष्ठुरता-निर्ममता की शिकार यह रक्तमज्जा की पोटली डॉक्टर के कुशल हाथों की थपथपाहट से मानो पहली बार मानव-समाज की विद्रूपता पर चीत्कार कर उठी।

आज भी इक्कीसवीं सदी के भारत में ऐसे अनेक अंचल हैं जहाँ की भूमि कन्या-भ्रूणों के रक्त से पटी पड़ी है। ऐसे विचित्र गाँव हैं जहाँ पिछले तीस-पैंतीस बरस से कोई बारात नहीं आई है या जहाँ आज भी कोई द्रौपदी पाँच पतियों के साथ सहर्ष नहीं, विवशता से रहती है। आज भी ग्रामीण दाइयाँ कन्या-शिशु को नमक चटाने के षड्यन्त्र में शामिल हैं। कोई उनकी घुटन और कसमसाहट देख-सुन नहीं पाता, क्योंकि उन परिवारों और गाँवों में ऐसे समय मूकबधिर बन जाने की परम्परा है किन्तु मृदुला जी के घर पर बच्ची की घुटी हुई चीत्कार ने सबके कानों में अमृत घोल दिया।

सबने महसूस किया कि बच्ची के रुदन ने सबके दिलों में कितना रोमांच, कितना स्पन्दन और कितनी संवेदना भर दी थी...बस हर्ष का स्रोत बनी इस नन्हीं काया का नाम रखा गया—हर्षिता।

कहते हैं, कलियुग में धर्म तीन पैरों से पंगु हो जाता है, केवल एक पाँव पर घिसटता हुआ चलता है। हर्षिता की रक्षा का आख्यान धर्म के उस एक पाँव को प्रमाणित कर रहा था। यानी अभी घोर कलियुग नहीं आया

है। आज भी ऐसे जन हैं जिनके पुण्यों पर धरती टिकी है।

हर्षिता के उद्धारकों ने उसे हॉस्पिटल ले जाने का निर्णय किया। श्रीमती बुबना की कार में सागरिका दी की बाँहों में सोई शान्त बच्ची चली जा रही थी...कुर्जी होली फैमिली हॉस्पिटल की ओर...। पुलिस की जीप आगे-आगे चल रही थी, एक अति विशिष्ट नागरिक की तरह हर्षिता को संरक्षण देती। हर्षिता अपरिचित आँगन से अपरिचित गोद में आ पहुँची थी और अब अपने नए लक्ष्य की ओर बढ़ती जा रही थी।

कार के रुकते ही दरवाज़े खुले और चार जोड़ी पाँव हॉस्पिटल के अहाते की ओर लपके। पुलिस की उपस्थिति में फॉर्म भरा गया। बच्ची की माता का नाम—श्रीमती सागरिका मुखर्जी—लिखते हुए दो बेटों की माँ सागरिका दी को एक विचित्र विश्रान्ति...अद्भुत तृप्ति का अहसास हुआ।

बच्ची को सुरक्षित हाथों में सौंपकर क्लान्त किन्तु सन्तुष्ट मन से लौटतीं चारों महिलाओं को ऐसा लग रहा था मानो किसी तीर्थयात्रा से लौट रही हों।

''मृदुला! सुबह नौ बजे तैयार रहना, इन्क्यूबेटर सेल में साढ़े नौ से साढ़े दस बजे तक विज़िटिंग आवर है।'' सागरिका दी ने याद दिलाया।

''हाँ, सागरिका।'' कहते हुए मृदुला दी की आँखें चमक उठीं।

गोगो

"अरे मरे! तेरा सत्यानाश हो...तुझे कीड़े पड़े...तेरा बेड़ा ग़र्क हो...।"

ये चिर-परिचित शब्द हर तीसरे-चौथे दिन मेरे कानों में पड़ते। और स्कूल से घर लौटते वक्त भारी बस्ता कन्धे पर टाँगे, मैं मुड़-मुड़कर गाली-गलौज करती गोगो को देखती, जिसे गली के शैतान बच्चे सताते, पल्लू खींचते, कोई इधर से तो कोई उधर से...और गोगो भद्दी गालियाँ देते हुए पत्थर उठाकर उन्हें मारने दौड़ती...कभी इधर से, कभी उधर से। यह दृश्य मेरे नन्हे से मन में कौतूहल और टीस जगाता। कभी- कभी उसे देखकर डर भी लगता...गोगो उस समय पागलखाने से भागी हुई, डरावनी-सी लगती।

पर यह डर जल्दी ही भाग जाता क्योंकि मेरे हाथ-मुँह धोकर खाना खाते-खाते वही गोगो शान्त और मौन बनी मेरे घर पहुँच जाती। माँ ने इस चिर परिचिता अतिथि को स्थायी रूप से एक पुरानी दरी दे रखी थी। वह स्वयं दरी बिछाकर छज्जे में टाँग पसारकर बैठ जाती और सिर खुजलाते हुए रेलिंग में से गली में खेलती हुई बच्चों की उस फौज को घूरती जो कुछ देर पहले उसे सता रही थी।

खाने के बाद मैं भी छज्जे में आकर खड़ी हो जाती, गोगो से कुछ निश्चित दूरी पर। कभी गली का नज़ारा देखती...कनखियों से गोगो की भाव-भंगिमा पढ़ने का प्रयास करती। यह आकृति सदा से ही मेरी उत्सुकता

का केन्द्र थी।

पचास-पचपन साल की उम्र में सफेद, कन्नीदार, सूती साड़ी पहनने वाली मझोले कद की गोगो के बड़ी बेतरतीबी से कटे हुए छोटे-छोटे बाल थे। मुझे उसके व्यक्तित्व के साथ बॉयकट का यह मेल बड़ा अजीब लगता था। उसके हाथ-पैरों के बड़े-बड़े नाखून देखकर भी मैं बड़ी हैरान होती और चलचित्र की तारिकाओं के नेलपॉलिश रँगे नाखूनों से उनकी तुलना करती पर...छिः...गोगो के नाखून भी बालों की तरह बेतरतीब और बदसूरत थे। हाँ, चेहरा उसका खूबसूरत अतीत का आईना था। खूब गोरा रंग, नारंगी-सा गोल चेहरा, कंचे-सी नीली आँखें। कभी-कभी मुझे वे भूरी बिल्ली-सी लगती। जब भी वह आती, मेरी अन्नपूर्णा माँ उसे देसी घी के पराँठे खिलाती और खरबूजे की बीज छिलवाती। बीज छीलने में ही उसके लम्बे नाखूनों की सार्थकता थी।

आज गरमी की उमस से पस्त दोपहर में दीदी के साथ यथावत स्कूल से लौट रही थी। घर दस कदम की दूरी पर था। पीछे से फिर गोगो की चिल्ल-पौं सुनाई पड़ी। आज मुड़कर देखने को जी नहीं चाहा। पर कानों में एक नया जुमला सुनाई पड़ा। उपद्रवी बच्चे नारा लगाते हुए गोगो को चिढ़ा रहे थे–

"एक आने का घी ले लो, एक आने का...।"

गोगो ने फिर वही पुराण बाँचना शुरू कर दिया–

"अरे मरे...तेरा सत्यानाश...।"

आज थकान के बावजूद मैंने आते ही माँ से पूछा–"माँ, एक आने का घी ले लो...पिंटू, गप्पू और सब बच्चे गोगो को ऐसे क्यों चिढ़ा रहे थे?"

माँ ने मुझे टालते हुए कहा–"अच्छा चल, पहले हाथ-मुँह धोकर खाना खा।" और रसोई में चली गई।

मैंने सोचा, गोगो आएगी...माँ उसे खाना खिलाएगी, बीज छिलवाएगी... फिर अपने काम में लग जाएगी, पर आज मैं पूछकर ही रहूँगी। मुँह में रोटी का कौर चबाते-चबाते मैंने आग्रह दोहराया–

"माँ, बताओ ना।"

"खाते हुए ज़्यादा बात नहीं करते, अन्न देवता नाराज़ हो जाते हैं।"

माँ ने घुड़की देकर मुझे पुनः चुप करना चाहा।

"पर माँ, वह यहाँ क्यों आती है? किसी दूसरे के यहाँ तो कभी नहीं जाती?" मैंने झल्लाकर एक और प्रश्न दागा। माँ ने मौन भाषा से नाराज़गी का संकेत दिया और मेरे प्रश्न पर ताला जड़ दिया।

बचपन के इस प्रश्न के उत्तर में जो मर्म छिपा था, वह सचमुच बेहद मार्मिक था।

मैं ठीक-ठीक नहीं बता सकती, मुझे गोगो की कहानी माँ ने कब सुनाई पर वह कहानी आज भी मेरे स्मृतिकोश में संरक्षित हैं।

गोगो उन ऐतिहासिक भग्नावशेषों की तरह थी जिन्हें पर्यटक बड़े सम्मान और कौतूहल के साथ देखते हैं। माँ भी कुछ ऐसा ही सम्मान गोगो को देती थी क्योंकि गोगो हमारी विशाल चारमंज़िला हवेली नं. 1162 की पूर्व मालकिन थी। वह हवेली जिसकी निचली दो मंज़िलों की दीवारों में जड़ी नक्काशीदार टाइलें लालकिले की दीवाने ख़ास जैसी मुग़ल वास्तुकला की याद दिलातीं, ऊपर की मंज़िलों में यह पारम्परिक भवन-निर्माण कला न दिखती। शायद उन्हें बाद में बनवाया गया हो।

गोगो धनाढ्य परिवार की बहू थी जो नौ वर्ष की अल्पायु में ब्याही गई। किशोरावस्था में ही उसने एक पुत्र और एक पुत्री को जन्म दिया। सुना है, सामन्ती ठाठ-बाट की प्रतीक, गहनों से लदी गोगो—न जाने उसका वास्तविक नाम क्या था, जब पालकी में बैठकर कहीं जाती तो राह चलते लोग रास्ता छोड़ गली के दोनों ओर बड़े अदब से खड़े हो जाते।

पर गोगो का भोग-विलास जवानी में ही माँग उजड़ने से क्षीण हो गया। पति की मृत्यु के बाद तीस वर्ष की उम्र में अपनी चौदह साल की पुत्री का विश्वस्त सहायकों की निगरानी में उसने ऊँचे कुल में विवाह कर दिया, किन्तु बेटे ओमप्रकाश उर्फ ओमी को नहीं सँभाल पाई। अगले पाँच-सात वर्षों में तेजी से उसकी दौलत और सम्पत्ति का पतन हुआ। ओमी बुरी संगत में पड़कर एक वेश्या के चंगुल में फँस गया और सबकुछ लुटा दिया...बस, एक ही ज़ायदाद बची थी, हवेली नं. 1162, जिसका वह एकमात्र वारिस था। अपनी अय्याशी के चलते अपनी हवेली न जाने किन हालात में मेरे पिता के पास गिरवी रखी और बहुत वर्षों तक ऋण अदा

नहीं कर पाया। अन्ततः हवेली नीलाम होने की नौबत आ गई क्योंकि उस भव्य इमारत की कीमत ऋण से कई गुना अधिक थी।

कोर्ट में बोली लगी। पिताजी के साथ, उस हवेली के--जिसमें ओमी ने कई किराएदार रख लिए थे--शीर्ष किराएदार परसादीलाल ने भी बोली लगाई। अन्त में पिताजी से बढ़कर वह बोली न लगा सका और इस तरह हवेली के नए मालिक मेरे पिताजी बन गए।

मुझे याद है पिताजी माँ को सुनाया करते थे--जानती हो देवी!...वे माँ को घर की लक्ष्मी मानकर इसी नाम से सम्बोधित करते थे। पिताजी ने आगे बताया कि न्यायाधीश के सामने ओमी के साथ वह वेश्या भी आई थी और पिताजी ने जिस क्षण मकान की कीमत के ढेर सारे रुपए ओमी के हाथ में रखे, उसी क्षण उस काठ के पुतले ने वे रुपए वेश्या के हाथ में रख दिए। यहीं से गोग़ो के जीवन का आशादीप बुझ गया और वह बेघर होकर दर-दर भटकने को विवश हो गई। पुत्र से उसका कोई सरोकार न रहा।

बचपन में कई बार माँ आस-पड़ोस की स्त्रियों के साथ कम्पनी-बाग़ जातीं। हम ढेर सारे बच्चे भी साथ में होते। जाड़े के कड़कड़ाते मौसम में खिली धूपवाले किसी रविवार को मौजमस्ती के लिए चुना जाता। बच्चे खूब खेलते। महिलाएँ गप्पें लड़ातीं। बड़े-बड़े नागपुरी सन्तरे छीले जाते। केले, अमरूद, रोब, पपीता और ककड़ी काटकर चाट बनाई जाती। जिसे अंगूर और छिले अनार के मोती से दानों से सजाया जाता। चाकू, छुरी, चाट-मसाला, लाल-पीली मिर्च, नींबू और पत्तों के दौने घर से लाए जाते। हम बच्चे बीच-बीच में आकर चाट खाते, खूब सी-सी करते और दौड़-दौड़कर म्यूनिसिपैलिटी के नल में मुँह लगाकर पानी पीते (कभी बीमार भी न पड़ते)। थक जाने पर गोल घेरा बनाकर बैठ जाते। हरी घास पर मूँगफलियों का ढेर उँडेल दिया जाता जिसे जल्द ही छील-छीलकर सब चट कर जाते। शायद 'सार्वभौमिक एकता' और 'वसुधैव कुटुम्बकम्' जैसी भावनाएँ रोपने के लिए हमारी माँओं को कोई विशेष प्रयत्न नहीं करना पड़ा।

कभी-कभी ऊँची टोकरी सर पर उठाए कोई फेरीवाला चावल के बड़े-बड़े पापड़ों पर काला मसाला छिड़ककर बेचने आता और हम उन्हें

खरीदकर साँस रोककर आँख बन्द करके खाते ताकि मसाला छिटककर नाक या आँख में न पड़ जाए। मुझे याद है मैं कई बार उस उजले पापड़ को उलटा करके खाती थी ताकि मसाले से आँख-नाक बचाई जा सके।

कई बार वहाँ दही-भल्ले, पापड़ी, कलमीबड़े, गोलगप्पे आदि की पार्टी भी होती। अपनी मोबाइल टोकरी सर पे उठाए ये फेरीवाले कैसे इतना ताम-झाम लिए घूमते थे, यह आज भी मेरे लिए आश्चर्य की बात है।

खैर...विषयान्तर न हो जाए, अतः गोगो की कथा के सूत्र पर लौटती हूँ कि ऐसी ही एक विशेष पिकनिक से लौटते हुए स्त्रियों ने गोगो को कम्पनी बाग की एक बेंच पर सोए देखा।

यह घटना गोगो के दर-दर भटकने के दिनों की है। अन्य स्त्रियाँ गोगो को पहचानकर भी आगे बढ़ गईं पर माँ से रहा न गया। उन्होंने गोगो को हिलाकर जगाया और उसे अपने साथ ले आईं।

माँ स्वयं को गोगो की उत्तराधिकारिणी मानती थीं। उन्होंने गोगो को सान्त्वना देते हुए कहा था—

"इस हवेली को अब भी अपना समझें। जब मन हो आएँ और रहें। हम तो इसकी रक्षा कर रहे हैं।"

हवेली की नई मालकिन की बातों से आश्वस्त होकर ही गोगो ने हमारे यहाँ आना शुरू किया।

माँ अतिभावुक और धर्मभीरु महिला थीं। गोगो की दयनीय स्थिति पर कई बार मैंने उनके नयनों को नीर छलकाते देखा था। पर छुटपन में नहीं समझ पाई, तभी तो पूछती थी कि वह हमारी हवेली में ही क्यों आती है। माँ कहती थी कि यहाँ इसकी आत्मा बसती है, यहाँ आकर इसे सुकून और चैन मिलता होगा।

मैंने माँ से एक आने का घी ले लो—वाली बात का मर्म जब जानना चाहा तो माँ बोली थी—सुना है, बेचारी गोगो वैधव्य के दिनों में, नौकर-पालकी सब छिन जाने के बाद एक बार अकेले गली में पंसारी की दुकान पर जाकर बोली—एक आने का घी दे दो।

हालाँकि उस समय घी सवा रुपए सेर था, पर उस धनाढ्य मुहल्ले

में किसी भी घर में सोलह किलो के टिन के रूप में एक मुश्त घी खरीदा जाता था। डालडा का सेवन निकृष्ट माना जाता था। रिफाइंड ऑयल का तो तब आविष्कार भी नहीं हुआ था। पर बेचारी गोगो घी की खरीददारी से पूर्णतया अनभिज्ञ थी। कंगाली के दिनों में भी घी खाने को जी ललचाया होगा, एक आने यानी छह पैसे लेकर चल पड़ी घी खरीदने। दुकान पर खड़े लोगों ने खिल्ली उड़ाई और दुत्कार कर भगा दिया। एक पाजी पीठ पीछे चिल्लाया—एक आने का घी ले लो।

निरीह गोगो की एक नादानी ने गली भर के बच्चों को एक जुमला दे दिया—एक आने का घी ले लो। जिसे सुनकर गोगो के तन-बदन में आग लग जाती और वह आक्रामक हो उठती।

यह था गोगो का अतीत, जिसे जानने के बाद मुझे फिर कभी वह कौतूहल का विषय नहीं लगी बल्कि उस पर अनायास दया आ जाती।

कुछ वर्षों तक गोगो के आवागमन का सिलसिला चलता रहा। फिर अचानक उसका आना बन्द हो गया। पुनः चार-पाँच महीने के अन्तराल के बाद वह गली में दिखाई दी, किन्तु एक परिवर्तन था। बच्चों के चिढ़ाने-चिल्लाने पर उसकी गाली-गलौज का वह राग मद्धम पड़ चुका था। इस बार मैंने छज्जे में लेटी क्लान्त गोगो को गौर से देखा। उसने आज खाना भी नहीं खाया था, न ही बीज छीले थे। माँ से पता चला कि वह कुछ दिन खैराती अस्पताल में भरती थी, शायद तपेदिक हुआ था। उस दिन बिना कुछ खाए-पीए वह रात में हमारे घर ही रुक गई।

सुबह नवीं कक्षा की छमाही परीक्षा का पहला पर्चा था। मैं और दीदी जल्दी-जल्दी तैयार हो रहे थे। माँ परीक्षोपयोगी सामग्री ले जाने की बार-बार याद दिला रही थीं। छज्जे में रखे जूतों के रैक से जूते लेकर जैसे ही मैं मुड़ी, गोगो के मुख पर मक्खियाँ भिनभिनाते देख कुछ असामान्य-सा लगा। मैंने माँ को पुकारा। माँ ने गोगो को आवाज़ दी, हिलाया पर कोई हरकत न हुई। माँ का चेहरा देख दिल धक्-सा रह गया।

माँ ठीक कहती थी कि इस हवेली में गोगो की आत्मा बसती है, तभी तो वह अन्तिम साँस लेने यहाँ चली आई। पाँच-दस मिनट में मेरे पिताजी सहित ऊपर-नीचे के दस-बारह लोग जुट गए और गोगो के दाह-संस्कार की

बातें की जाने लगीं। परीक्षा के कारण हमारा स्कूल जाना अपरिहार्य था।

रास्ते भर मेरा ध्यान गोगो में ही लगा रहा। ऐसा लग रहा था कि मानो गले में कुछ अटक गया हो। मुझे याद है, उस दिन परीक्षा लिखने से पूर्व यथावत् सरस्वती माँ की वन्दना के लिए आँखें मूँदी तो बन्द आँखों में गोगो का चेहरा उमड़ आया...कभी चिल्लाती...कभी गुर्राती...कभी उदास तो कभी मासूम...गोगो।

बन्ध्या

छनन...छन...छनन...छन...जब से दरवाजे पर नई घंटी लगवाई गई है, सितार-जैसी खनकती आवाज किसी को नहीं चुभती। इस महानगरीय जीवन में बिना तिथि के आनेवाला अतिथि जो व्यवधान डालता है, वह भी अब कुछ कम कष्टप्रद जान पड़ता है। घंटी की मधुर आवाज द्वार पर खड़े आगन्तुक के स्वागत हेतु घर के सदस्यों को पुचकारती प्रतीत होती है।

यूँ भी मेरा घर हिमाचल गेस्ट-हाउस सरीखा था। शहर के बीचोबीच होने के कारण अतिथियों का ताँता लगा रहता। स्टेशन से सटा यह इलाका अन्तर्राज्यीय बस अड्डे के भी नजदीक था। सबसे बड़े व्यापारिक केन्द्र के बीच होने से, जिसको शादी-ब्याह की शॉपिंग करनी हो, उसके लिए मेरे घर रुकना सोने पे सुहागा था। कोई इलाज करवाने राजधानी आता था, कोई पढ़ाई-लिखाई के इरादे से। हरिद्वार-ऋषिकेश की तीर्थयात्रा हो या आगरा-जयपुर का सैर-सपाटा—सभी नाते-रिश्तेदारों, परिचितों, यहाँ तक कि अपरिचितों के लिए भी मेरा घर एक स्थायी अतिथिगृह था। कभी-कभी तो एक मेहमान सुबह प्रस्थान करता और शाम को दूसरे का आगमन होता। माँ की बेइन्तहा मेहमानबाजी को भी इसका श्रेय जाता है जो वांछित और अवांछित अतिथियों को अपनी आवभगत की चुम्बकीय शक्ति से बारम्बार आने का खुला निमंत्रण देती।

कभी-कभी पिताजी इस पर अप्रसन्नता व्यक्त करते और कहते—'देवी!

जरा अपने छप्पन भोगों की संख्या कुछ घटाओ, बच्चों की परीक्षाएँ हैं।' पर माँ अन्नपूर्णा थीं। उनके लिए अतिथिसेवा से बड़ा आनन्द का स्रोत दूसरा न था।

मेरी एम.ए. की परीक्षाएँ समीप थी। द्वार पर घंटी बजते ही ध्यान भंग हुआ। दरवाजा खोला तो गठीले बदन के आकर्षक व्यक्ति ने प्रवेश किया। उम्र—तकरीबन अट्ठाईस-उनतीस वर्ष। पिताजी के चरण-स्पर्श कर आगन्तुक कुर्सी पर विराजमान हो गए। सिर की हिमाचली टोपी घोषणा कर रही थी कि कोई रिश्तेदार हैं।

बातचीत से पता चला कि वे दादाजी के भाई की पोती के पति हरीश हैं। गाँव के तहसीली स्कूल में टीचर हैं और छब्बीस जनवरी की परेड में शामिल विभिन्न राज्यों की झाँकियों में प्रदर्शन हेतु लोकनर्तकों की टोली लेकर आए हैं। अपने ग्रुप को सरकारी खर्चे पर होटल में ठहराकर हमारे यहाँ मिलने चले आए।

शिष्टाचारवश उनसे रुकने का आग्रह किया गया, जिसे विनम्रतापूर्वक उन्होंने नकार दिया। बस दो-तीन घंटे रुककर भोजन किया और चले गए। इस बीच घर के सभी सदस्यों से परिचय हुआ और आत्मीयतापूर्ण वार्तालाप भी। माँ ने उनकी पत्नी अम्बिका के लिए सौगात देकर उन्हें विदा किया।

आठ साल पहले मैंने अम्बिका को देखा था, मुझसे लगभग पाँच साल बड़ी। उस वैशाख एक चचेरे भाई की शादी थी। गाँव की शादी देखने की ललक से हम सपरिवार आठ दिन गाँव में रुक गए थे। अम्बिका सब भाई-बहनों में बड़ी थीं। अखरोट के पेड़ पर झूला डालकर हम सब बारी-बारी झूलते। हरे बादाम तोड़कर खाते और पट्टू (पहाड़ी पोशाक) पहनकर पहाड़ी पगडंडियों पर चढ़ते-उतरते। गाय चराती गद्दी (आदिवासी) लड़कियों को देखते और जंगल से गुच्छियाँ और ब्रह्मी-बूटी चुनकर लाते।

अम्बिका का गुलाबी रंग, गोल चेहरा, घनेरी पलकें, सुतवाँ नाक और पतले होंठ देख लगता जैसे कोई छुईमुई का पौधा हों। खिलखिलाती हँसी में दमकती दन्तपंक्ति ऐसी लगती मानो मोतियों की माला टूटकर बिखर गई हो।

पाँच वर्ष पूर्व अम्बिका का विवाह हरीश से हुआ। दियार गाँव के

मुखिया के पुत्र हरीश की स्कूल में नई-नई नौकरी लगी थी। मेरे दादाजी के भाई के संकुचित परिवार में केवल एक पुत्र था। जिनकी अगली पीढ़ी में भी संयोगवश एक ही पुत्री थी—अम्बिका। कम पढ़ी-लिखी पर इकलौती सन्तान होने से भारी जायदाद की एकमात्र वारिस। ससुराल में भी खूब मान-सम्मान मिला। धनधान्य का अम्बार था। दूर-दूर तक सेब, आलूबुखारे, आड़ू और नाशपाती के बागान लहलहाते थे। पर एक चिन्ता चिता की तरह धू-धूकर दिन-रात हृदय में जलती रहती—पाँच सालों में अम्बिका को मातृत्व का सुख नहीं मिला।

उसके विवाह में हमारे घर से कोई न जा सका था। माँ ने शगुन जरूर भिजवा दिया था। सो उस दिन हरीशजी का आना सबको सुखद लगा था।

समय के पंख बड़े मजबूत होते हैं। वह अविराम गति से उड़ता ही जाता है। जीवन में नित नई घटनाएँ घटती हैं। सुबह-शाम के बीच इनसान को पेंडुलम की तरह वक्त इधर-से-उधर डुलाता है। कोई बड़ा सुख या बड़ा दुख घड़ी के घंटे की भारी आवाज की तरह एकबारगी हमें चौंकाता है और फिर हम पुनः पेंडुलम-सा हिलने लगते हैं।

आज पन्द्रह वर्षों बाद मेरे जीवन में खुशियों के इतिहास ने ख़ुद को दोहराया है। जब मैंने बी.ए. में यूनिवर्सिटी में प्रथम स्थान प्राप्त किया था, तब मुझे इतनी खुशी नहीं मिली थी जितनी आज अपनी दस वर्ष की बेटी के राज्यस्तरीय तैराकी प्रतियोगिता में जूनियर चैम्पियनशिप जीतने पर मिली है। जोश में आकर बेटी को मुँहमाँगा इनाम देने की घोषणा कर बैठी जो बाद में गले की फाँस बन गई।

"मम्मी, हम सब पहाड़ घूमने जाएँगे।" बेटी ने यही इनाम माँगा था।

"ठीक है, चलो वीकेंड में मसूरी चलते हैं।" मैंने कहा था।

"नहीं-नहीं, मसूरी-नैनीताल नहीं जाएँगे, हम तो नानाजी के गाँव घूमने जाएँगे।" दोनों बच्चे चिल्ला उठे थे।

"पर, बेटा...।"

"पर-वर कुछ नहीं।" दोनों कुछ सुनने को तैयार न थे। मैं अवश

होकर पति की ओर देखने लगी।

"ठीक है, एक शर्त पर जाएँगे, जब दुर्गापूजा की छुट्टियाँ आएँगी तब...।" मेरे पति ने बीच-बचाव किया।

"पर उसके लिए तो पाँच महीने इन्तजार करना पड़ेगा!" बेटी ने आपत्ति की।

"सो तो है, पर देखो इस बहाने कुल्लू का मशहूर दशहरा भी देख लेंगे।" पति ने दलील दी। तीर निशाने पर बैठा और बच्चे तैयार हो गए।

अक्तूबर माह आने पर मुझे छोड़कर बाकी सब खूब उत्साहित थे। विवाह से पूर्व लगभग हर वर्ष हम गरमी की छुट्टियाँ पहाड़ों पर बिताते। भले ही चोटी पर बसे गाँव हर बार न जा पाते पर तराई में बसे शहरों भून्तर, मंडी, सुन्दरनगर, कुल्लू-मनाली खूब घूमते। सो, मेरे लिए पहाड़ों पर जाना कोई नई बात नहीं थी। पर, बच्चों को बेहद जिज्ञासा थी। अपनी माँ के बचपन और किशोरावस्था में पहाड़-प्रवास के किस्से सुन-सुनकर उनकी उत्कंठा और भी बढ़ गई थी। किन्तु हिमाचल की सीमा में प्रवेश करते ही मेरा मन चंचल हो उठा। वहाँ के खूबसूरत नजारे, सर्पीली सड़कें, दियार-देवदार के पेड़, ठंडी बयार, छलछलाते झरने, गोल चट्टानों से टकराती व्यास की फेनिल धारा—आह, लगा जैसे मेरा बचपन लौट आया हो।

सात दिनों तक हम खूब घूमे। दशहरा देखा, देवताओं के जुलूस और शोभायात्रा का दर्शन एक निराला अनुभव था। आठवें रोज दस किलोमीटर की चढ़ाई पर बसे पुश्तैनी गाँव गए। अब सड़क बन जाने से वहाँ मोटरगाड़ियों का आवागमन सुगम हो गया है। हमें देखकर ग्रामीणों को लगा कि कोई सैलानी आए हैं। बाद में मुझे पहचानकर सब बेहद खुश हुए। गाँववालों का मजमा-सा लग गया।

चचेरे भाइयों और भाभियों ने खूब खातिर की। एक सुखद समाचार मिला कि उसी दिन अम्बिका के घर पुत्र का नामकरण संस्कार हुआ है। संध्या के समय सारे गाँव को भोज का नियंत्रण मिला है।

"अरे, अम्बिका दीदी के यहाँ बेटा कब हुआ?" मैंने सुखद आश्चर्य से पूछा।

"बस, आज इक्कीसवाँ दिन है।" चाचाजी बोले, "तू कितने भाग से

आज सपरिवार आई है, सबको वहाँ चलना है, अम्बिका और हरीश कितने खुश होंगे।"

चाचाजी का आग्रह कैसे टालती। मन इतने वर्षों बाद अम्बिका से मिलने को व्यग्र हो उठा। शाम पाँच बजे हम निकटवर्ती गाँव उनके घर पहुँचे। भारी धूमधाम थी। कमरे में अम्बिका पुत्र को गोद में लेकर बैठी थी। मेरे आने की सूचना उसे मिल चुकी थी। मेरे कमरे में प्रवेश करते ही पुत्र को गोद में थामे-थामे ही मुझसे आलिंगनबद्ध हो गई। उसके चेहरे पर तेईस वर्षों के गहरे निशान दिख रहे थे। न वह रंगत थी, न वह रूप। चालीस की उम्र में वह पचास-पचपन की लग रही थी। मुझे उसका वह षोडशी रूप स्मरण हो आया। कहाँ वह लावण्य, कहाँ गड्ढे में धँसी आँखें और गाल, ललाट पर उभरती रेखाएँ, मुरझाया रूखा चेहरा और कनपटियों पर सफेदी।

सम्भवतः इस उम्र में बच्चे के जन्म ने माँ को निचोड़कर रख दिया हो क्योंकि सुनती थी अम्बिका ने माँ बनने के लिए गाँव-शहर से लेकर दिल्ली-मुम्बई तक इलाज कराया था। यद्यपि उसके पति हरीश अभी भी स्वस्थ, सुदर्शन लग रहे थे।

मैं विचारों में खोई थी तभी एक उन्नीस-बीस बरस की नवब्याहता युवती वहाँ आई और बच्चे को गोद में लेने लगी। मैंने प्रश्नसूचक दृष्टि से अम्बिका की ओर देखा तो बोली—"यह मेरी छोटी बहन सोमा है।" युवती मेरे पाँव छूने झुकी तो मैंने उसे सप्रेम रोका। सोचा दूर के रिश्ते की कोई बहन होगी।

तभी खाने का बुलावा आ गया। अम्बिका साधिकार बोली—"रात को यहीं रुकना है, मैं सब इन्तजाम करवाए देती हूँ। तुझसे बहुत-सी बातें करनी है, अब सब खाने चलो।"

एक अरसे बाद पंगत में बैठकर खाने का अनुभव हुआ। बच्चों को बैठकर खाने में कुछ असुविधा हो रही थी। खासतौर पर बेटे को बिना चम्मच के चावल खाने में दिक्कत आ रही थी। पर मुझे बरसों बाद उस पारम्परिक भोज में अमृत का सा स्वाद आ रहा था। भात, मीठा (मेवों की सब्जी), सेपू बड़ी, मधरा, राजमाह-उड़द, गुच्छियों की तरकारी, खट्टी

चटपटी दाल और न जाने क्या-क्या?

अम्बिका ज्यादातर समय नवजात शिशु को गोद में लिए-लिए ही अतिथियों की आवभगत में लगी रही। रात को हम वहीं रुके। सब अपने-अपने बिस्तर पर सोने चले गए। तभी अम्बिका बच्चे को गोद में उठाए मेरे पास आई और बोली—"चल, तू मेरे कमरे में मेरे साथ सो, फिर न जाने कब आएगी।"

"पर दीदी, भाउ (बच्चे) के साथ..." मेरी बात पूरी होने से पहले ही सोमा आई और बोली—"बोबोजी (दीदी) भाउ को दूध पिलाने का टाइम हो गया।" दीदी ने धीरे से सोते शिशु को सोमा को सौंप दिया।

"क्यों दीदी, अभी से भाउ बोतल का दूध पीता है?" मैंने पूछा।

"नहीं री, अपनी माँ का दूध पीता है।"

"अपनी माँ का? मैं कुछ समझी नहीं?"

"सोमा इसकी माँ है।" अम्बिका शान्त स्वर में बोली।

उस रात मैं अम्बिका के कमरे में आने से झिझक रही थी। सोचा था हरीशजी थके होंगे, उन्हें सोने में बाधा पहुँचेगी पर नहीं जानती थी कि हरीशजी अब उस चौखट में नहीं आते।

अम्बिका ने उस रात अपनी व्यथा सुनाई, बाईस वर्षों तक वह औलाद की आस में कहाँ नहीं गई। उस देवभूमि के हर शिखर पर देवता बसते हैं। उसने किस चौखट पर माथा नहीं रगड़ा, किस डॉक्टर-वैद से इलाज नहीं करवाया, पर दुर्भाग्य ने करवट नहीं बदली और खुद पर लगी बन्ध्या की मोहर को वह न मिटा सकी।

कई वर्षों से पति उसे तलाक देकर दूसरी शादी की धमकी दे रहे थे पर वह मिन्नत-मनुहार करके उन्हें रोके हुए थी। शायद उसके मायके की अथाह सम्पत्ति का लोभ पति के दूसरे विवाह पर इतने वर्षों अंकुश डाले हुए था। पर पिछले वर्ष अपने दाम्पत्य जीवन की रक्षा हेतु उसने निकट के गाँव के एक निर्धन ब्राह्मण की बेटी से अपने पति का विवाह करवा दिया, जिसने इक्कीस दिन पहले पुत्र को जन्म दिया। अम्बिका ने इस उधार के मातृत्व का मूल्य अपना स्त्रीत्व देकर चुकाया है।

उसे अपने पति से कोई शिकायत नहीं अपितु वह कृतज्ञता व्यक्त कर

रही थी कि उन्होंने इतने वर्षों तक बाँझ पत्नी का साथ दिया और दूसरे विवाह के बाद भी उसका परित्याग नहीं किया।

पर क्या अम्बिका पति को बाँटकर खुश रह पाएगी? क्या सोमा सौतडाह से मुक्त रह पाएगी? क्या उसका पुत्र बड़ा होकर विमाता को सम्मान देगा?

अनेक प्रश्नों का बोझ लिए मैं भारी मन से गाड़ी में सवार हुई। रास्ते भर अम्बिका के बारे में सोचती रही। अचानक जोर का झटका लगा। शायद टायर के नीचे कोई पत्थर आ जाने से गाड़ी उछली थी। बच्चों का सिर कार की छत से टकराने से दोनों रोने लगे। मैंने स्निग्ध दृष्टि से दोनों को देखा और बाँहों में भरकर सीने से लगा लिया। आज बच्चों का स्पर्श मेरे मातृत्व को रोमांचित कर रहा था।

पुन्नो

मॉँड लगी कड़क साड़ी, एक हाथ से सीधा आँचल सर पर सँभाले—दूसरे हाथ में सब्जी से भरी प्लास्टिक की टोकरी, जिसमें आलू, घीया और तोरी को नीचे छिपाकर, ऊपर बड़े जतन से सजाए हुए लाल टमाटर और ताज़े हरे धनिए की पत्तियों के बीच रखे दसहरी आम किसी अमीर की बिगड़ी औलाद की तरह मानो देखनेवालों को मुँह चिढ़ा रहे हों। रोज़ सुबह नौ-दस बजे के बीच सब्जियों की खरीददारी करके आती पुन्नो शहर की उन पुरानी गलियों में महारानी जोधाबाई की तरह बड़ी शान से चलती थी।

पाँच बेटों और तीन बेटियों की माँ पुन्नो यानी पूर्णिमा देवी मकान नं. 1162 की बेताज मलिका थी, जिसमें एक मकान-मालिक और नौ किराएदारों के लगभग पैंतालीस सदस्य एक बड़े कुनबे की तरह कभी हँसते तो कभी लड़ते-झगड़ते रहते थे। चारमंज़िला हवेलीनुमा मकान को मकान-मालिक ने बसे-बसाए किराएदारों समेत खरीदा था, जिसमें राज चलता था—परसादीलाल का, जो पुन्नो के पति थे और एक व्यवसायी की दुकान पर नौकरी करते थे। पर सुना था, अपनी चालाकी से शरीफ़ सेठ को ठगकर उन्होंने खूब पैसा बनाया और खुद की अपनी दुकान खरीद ली।

उस ज़माने में जब पॉकेटमनी के रूप में चवन्नी रोज़ मिलने पर कोई किशोर खुद को बिल गेट्स समझता, परसादीलाल दुकान से लौटकर सौ रुपए का एक नोट पत्नी को अगले दिन के घर खर्च के लिए देते थे। उन्होंने

लाखों रुपए कमाए पर बकौल बनवारीलाल, जो उसी मकान की निचली मंज़िल पर किराएदार था—परसादीलाल की सारी कमाई पुन्नो की कड़ाही खा गई।

सब जानते हैं, होली, दीवाली, बसौड़ा, गणगौर जैसे त्योहारों पर पुन्नो तीसरी मंज़िल के खुले अहाते में एक विशाल कड़ाही बड़ी-सी अँगीठी पर चढ़ाकर गुझिया, सेव, गोंद के लड्डू, पूड़ी, कचौड़ी और न जाने क्या-क्या कनस्तर भर-भर कर बनाती थी। पाक-कला में अति कुशल थी सो अचार और पापड़ मौसम के अनुसार ज़रूर बनते थे।

पुन्नो के तीन बेटे विवाहित और दो अविवाहित थे, किन्तु सभी पढ़ाई-लिखाई से दूर, लाड़ले और आवारा। सबसे बड़ा गिरिराज पिता के साथ दुकान पर जाता, बाकी इधर-उधर मटरगश्ती करते और हवेली की छत पर चढ़कर पतंग उड़ाते या सटे हुए मकानों की जवान लड़कियों को घूरते। बालों पर हाथ फेरते हुए गाना गाते, सीटियाँ बजाकर भद्दे इशारे करते, जुमले कसते और सताते। किसी के शिकायत करने पर पुन्नो उनकी हरकतों पर रीझती, हा-हा कर हँसती और डाँटने का अभिनय करती—

"अरे मरे, नीचे आ...तेरी टाँग तोड़ती हूँ।"

बेटों के लिए थालियाँ सजाकर छत पर ही भेजती। सजी-सजाई थालियों में दाल-तरकारी की तीन-चार कटोरियाँ ज़रूर रहतीं, साथ में चटनी, पापड़ और गोंद का लड्डू। थाली सीढ़ियों से घूमते हुए अन्य किराएदारों के बच्चों की ललचाई आँखों से गुज़रकर पतंगबाज़ी के अड्डे पर पहुँचती।

यह था पुन्नो का परिवार, जिसने जीवनभर शाही खाना खाया, बढ़िया कपड़े और ज़ेवर बनवाए। बहुओं पर हुक्म चलाया और मकान-मालिक की छाती पर मूँग दली किन्तु न तो पैसा जोड़ा, न बच्चों को अच्छे संस्कार दिए। सारा प्रेम बच्चों की चटोरी जीभ पर उँड़ेलती रही।

दस-बारह साल बाद परसादीलाल दिल के मरीज हो गए लेकिन पुन्नो ने खूब सेवा की। तरह-तरह के जूस और सूप बनाती। उसकी सेवा-टहल से पति चार-पाँच साल जीवित रहे। उनके गुज़रने के बाद पुन्नो के जीवन को ग्रहण लग गया।

व्यापार ठप्प हो गया, बेटे तो नालायक थे ही। गनीमत है, बेटियों की

शादियाँ हो गई थीं। पिछले कई सालों से मकान-मालिक, परसादीलाल के परिवार से छुटकारा पाने और उनकी रिहायशी मंज़िल को अपने कब्जे में लेने के लिए दस-बारह हजार रुपए देने का प्रस्ताव रख चुका था जिसे परसादीलाल ने जीते-जी कभी नहीं स्वीकारा। किन्तु गिरती माली हालत में अन्ततः चालीस हज़ार रुपए लेकर यह परिवार मकान नम्बर 1162 छोड़कर किसी नई बस्ती में जा बसा। धीरे-धीरे अन्य किराएदार भी इस स्वयंभू लीडर की मौत के बाद मनोबल टूट जाने से इधर-उधर जा बसे।

फिर कभी-कभी उड़ती खबर की तरह पुन्नो के परिवार की अवनति का कोई-न-कोई समाचार मिलता। जिसका सारांश यह था कि बड़े बेटे गिरिराज के तीन बच्चों में पैंतीस साल की बेटी हाल तक अविवाहित थी। दूसरा बेटा जिसने एक सुन्दर कुलीन लड़की से अपनी जवानी में प्रेम की पींग बढ़ाकर उसे गर्भवती करके छोड़ दिया था, जीवनभर बेऔलाद रहा। सुना है, कुछ वर्ष पहले उसने एक दस साल की बच्ची को गोद लिया है। पुन्नो का तीसरा बेटा सड़क पर बस की चपेट में आकर मर गया। उसकी विधवा अपने पुत्र को किसी स्कूल में आया की मामूली नौकरी करके पाल रही है। चौथा अपनी हृदयरोग से ग्रसित पत्नी के साथ किसी तरह गृहस्थी की गाड़ी खींच रहा है। पुन्नो उसी के साथ रहती है। सबसे छोटा अपने समय का छैल-छबीला हीरोनुमा सुदर्शन बेटा जो तीसरे नम्बर की भाभी की बहन के साथ शादी करना चाहता था, जो हुई नहीं—आवारगी और नशे की लत के चलते घर से निष्कासित कर दिया गया। उसके ऊपर कुछ आपराधिक मामले भी थे।

पुन्नो बूढ़ी, लाचार और फटेहाल हो गई है। किसी पूजा-सामग्री की दुकान से सम्पर्क कर ऑर्डर पर मनकों की माला पिरोती है। आँख से दिखना कम हो गया, पर क्या करे, दो जून की रोटी का जुगाड़ तो करना ही है। बेटियाँ बेटों की बनिस्बत ठीक-ठाक और समर्थ हैं पर उनके पास जाकर रह नहीं सकती, क्योंकि बेटी के घर का पानी पीना पुन्नो का संस्कार नहीं, जिसका निर्वाह यह विलासी औरत विपन्नता के दिनों में भी करती रही।

पिछले माह माँ से फोन पर बात हुई तो पता लगा, अभी-अभी मुर्दनी

में से लौटी हैं। मैंने पूछा–"माँ, कौन गुजर गया?"

बोलीं–"पुन्नो।"

सुनकर मैं जड़-सी हो गई, एक बड़े से खँडहर के ध्वस्त होने का-सा अहसास हुआ। माँ मकान नं. 1162 की कोमल हृदया मकान-मालकिन थीं जो अपनी आततायी पुन्नो के गुज़रने की ख़बर पाकर ख़ुद को वहाँ जाने से रोक नहीं पाईं।

देव

वह गुदड़ी में लाल था, कीचड़ में कमल और मिट्टी में पड़ा सोना। मानो कैक्टस की झाड़ियों में न जाने कहाँ से एक फूल उग आया हो।

पिता की अनुपस्थिति में कड़ी मेहनत करके माँ ने पाला-पोसा। आस-पड़ोस के घरों में छोटे-मोटे काम करके रोजी-रोटी का जुगाड़ करते हुए उसे कभी इतनी फुरसत न मिली कि बेटे को श्रवण कुमार या राजा हरिश्चन्द्र की कहानियाँ सुनाकर कुछ संस्कार देती। न ही अच्छी शिक्षा-दीक्षा मिल पाई। सरकारी स्कूल से मुश्किल से मैट्रिक पास की कि आत्मनिर्भर बनने की मुहिम में लग गया।

उसका नाम बड़ा सटीक और सार्थक था--देव। अपने वातावरण के विपरीत सात्विक आचार-विचारवाला देव जरूर अपनी माँ के पूर्वजन्म के पुण्यों का प्रतिफल था। तभी तो श्रवण-सा मातृभक्त और हरिश्चन्द्र-सा सत्यवादी था। पढ़ाई-लिखाई में साधारण होने पर भी उसमें ईश्वरप्रदत्त एक विशेष गुण था। बन्द आँखों से भी यदि आड़ी-तिरछी लकीरें खींचता तो एक कलात्मक रेखाचित्र बन जाता।

मुहल्ले भर के बच्चों के स्कूल की साइंस की प्रैक्टिकल फाइल हो या चार्ट बनाने का काम, ग्रीष्मावकाश के प्रोजेक्ट वर्क या मॉडल--सब देव की शरण में जाते और वह बिना किसी ना-नुकुर के कभी-कभी देर रात तक समाजसेवा के इस काम में लगा रहता।

पढ़ाई छोड़ने के बाद माँ की आर्थिक मदद के लिए उसने दो-तीन हमउम्र लड़कों के साथ काम-धंधा शुरू किया, जिसमें दुकानें बन्द होने के बाद सायं सात बजे से रात दस बजे तक सड़क पर छोटा-मोटा सामान बेचनेवाले फेरीवालों की तरह पटरी लगाने लगा। यहाँ उसे निहायत बुरी संगत में रहना पड़ा। अधिकतर गुंडे, मवाली, नशाखोर और आवारा लड़के यह काम किया करते। आपस में लड़ाई-झगड़ा, मारपीट और गाली-गलौज करते। देव को यह सब बुरा लगता, किन्तु विवशता थी। इन्हीं के बीच उठना-बैठना पड़ता पर आश्चर्य की बात थी, न तो कभी किसी ने उसके मुख से कोई अपशब्द सुना, न कभी शराब-सिगरेट पीते देखा।

दो चीजों से उसे नफरत थी—एक गन्दगी से, दूसरा लड़कियों को छेड़ते आवारा शोहदों से। उसे कभी किसी ने मैले-कुचैले कपड़ों में नहीं देखा। माँ के आग्रह के बावजूद अपने कपड़े वह खुद धोता और इस्त्री करता। गरीबी में भी झक सफेद पैंट पहनता। गली-मुहल्ले की लड़कियों को कभी आँख उठाकर न देखता।

दो चीजों का उसे खूब शौक था—माँ के हाथ की आलू-मटर या आलू-गोभी की सब्जी खाने का और हर शुक्रवार को एक नई फिल्म देखने का। उन दिनों डॉन फिल्म की खूब चर्चा थी। एक सुबह मुहल्ले के छह-सात लड़के नुक्कड़ पर खड़े होकर कल रात देखी फिल्म की समीक्षा कर रहे थे। तभी चटखारे लेते हुए एक लम्पट बोला—"यार, जीनत अमान को देख के तो मुँह में पानी आता है।" सब निर्लज्जता से हँसने लगे। देव ने उपेक्षा और घृणा के भाव से वक्ता की ओर देखा और वहाँ से चल दिया।

"...लो...अब इस साधु को क्या हुआ?" कोई बोला, पुनः हँसी का समवेत स्वर गूँज उठा।

जब भी उसके पिता महीने-दो महीने या साल-छह महीने में घर आते, वह अविलम्ब घर से बाहर निकल जाता, मानो पिता का मुँह न देखना चाहता हो। उसकी माँ उसके पिता की ब्याहता नहीं थी, शायद यह बात वह जानता था इसलिए पिता के प्रति अनादर का भाव उसे घर से दूर ले जाता। इस कुंठा ने न जाने कितनी बार उसके आत्मसम्मान को ठेस पहुँचाई फलतः उसका आत्मविश्वास खोखला होता गया। तथापि अपनी विनम्रता

और सच्चरित्र के कारण वह सबकी प्रशंसा का पात्र था। पड़ोस में रहनेवाली जया जो उसके व्यवहार से बड़ी प्रभावित थी और उसका विशेष आदर करती—के प्रति वह अनुराग का भाव रखता पर अभिव्यक्ति के लिए कभी शब्द न जुटा पाया।

दो-तीन वर्षों तक देव ने पटरी लगाने का निकृष्ट कार्य किया और फिर किसी के माध्यम से उसे एक गुजराती प्रकाशक के यहाँ चित्रकार की नौकरी मिल गई। बँधी-बँधाई पगार नहीं थी। जितने चित्र बनाता, उसके हिसाब से पैसे मिलते, पर रुचि के अनुरूप काम मिलने से वह सन्तुष्ट था। लोभ तो उसे कभी था ही नहीं, महत्त्वाकांक्षा भी नहीं थी। साधु स्वभाव का त्यागी लड़का था। कभी-कभी लगता कोई शापित ऋषि-मुनि है जो अपना प्रारब्ध भोग रहा है।

आर्टिस्ट की नई नौकरी में वह रम गया। चार-पाँच वर्षों बाद माँ ने शादी के लिए दबाव डाला पर देव तो पैदायशी विरक्त था और अपना सरपरस्त भी खुद ही था, अतः माँ की एक न चली। लोगों ने भी सोचा अब यही कलियुग का भीष्म है, शादी क्या करेगा।

देव को प्रकाशक के यहाँ नौकरी करते आठ-नौ वर्ष बीत गए। एक दिन उसके मालिक भूपेन्द्र त्रिवेदी ने सभी कर्मचारियों को अपने दफ्तर में बुलाया और वरिष्ठतम मुलाजिम रमाशंकर दूबे के हाथ में अपनी इकलौती बेटी हर्षा के विवाह का निमंत्रण पत्र थमाते हुए आत्मीयता से बोले—"यह कार्ड मेरे स्टाफ के सभी सदस्यों के लिए है, नोटिस बोर्ड पर लगा दीजिए और आप सबको विवाह समारोह में आकर मेरा हाथ बँटाना है।"

सभी कर्मचारी दस दिनों तक त्रिवेदी साहब की बेटी हर्षा के विवाह की तैयारियों में जुटे रहे। देव इस दौरान कई बार उनके घर गया। घर क्या था अट्टालिका थी। जब पहली बार वह उस भवन में गया तो उसे एक बौनेपन का अहसास हुआ। अगले दिन उसका जाने का दिल न था पर कर्तव्यबोध उसे बलात् मालिक के घर की ओर ठेल रहा था।

अन्ततः धूमधाम से शादी हो गई। देव ने इतना भव्य समारोह कभी नहीं देखा था। पुनः सब दफ्तर के काम में लग गए।

एक महीना हो चला था। देव सुबह सात बजे बिस्तर में पड़ा ऊँघ

रहा था। अचानक उसकी पालतू कुतिया 'हनी' जिसे मुहल्ले के अशिक्षित लोग 'हानी' पुकारते थे—भौंकने लगी। देव ने उसे धौल जमाई और अलसाई आँखों से देखा कि त्रिवेदी साहब तीन-चार भद्र पुरुषों के साथ उसके द्वार पर खड़े हैं। देव आश्चर्य से ताकने लगा—

"सर, आप...।"

वह उन्हें घर में बुलाने का शिष्टाचार भी नहीं निभा पाया क्योंकि इस ऊहापोह की स्थिति में भी वह इतने धनाढ्य व्यक्ति से अपने घर की दरिद्रता को छिपाना चाहता था, सो लपककर घर के बाहर निकल आया।

त्रिवेदी साहब का गम्भीर स्वर गूँजा—"देव, हम तुम्हारी माताजी से मिलना चाहते हैं।"

"पर, सर...वो तो...अभी..." देव हकलाने लगा।

"ठीक है, ऐसा करो, आज दस-ग्यारह बजे तुम उन्हें लेकर मेरे घर चले आओ।" त्रिवेदीजी बोले।

देव कुछ समझता, इससे पूर्व ही वह शिष्टमंडल चल दिया।

दस दिनों बाद मुहल्लेवासियों ने गली के अन्तिम छोर पर एक लम्बी-सी गाड़ी से नई-नवेली दुल्हन को उतरते देखा। गाड़ी का दूसरा दरवाजा खुला और देव उतरा। नववधू की अगुआई करते हुए वह अपने घर आया। तब तक दस-पन्द्रह लोग वहाँ इकट्ठे हो गए। स्त्रियाँ मंगलाचार गाने लगीं और देव की माँ अपनी बहू की आरती उतारने लगी।

लोग हतप्रभ थे, न बाजा, न शहनाई, यह बहू कहाँ से आई?

धीरे-धीरे सबको देव की शादी का किस्सा पता लगा जो किसी किंवदन्ती से कम न था। त्रिवेदीजी की इकलौती बेटी हर्षा की शादी एक बड़े उद्योगपति के बेटे से हुई किन्तु मधुयामिनी में ही चाँद को ग्रहण लग गया और हर्षा के दाम्पत्य जीवन पर अँधेरा छा गया। लड़का नपुंसक था—जानकर त्रिवेदी साहब पर वज्रपात हो गया, किन्तु उन्होंने विवेक नहीं खोया। बेटी को तुरन्त ले आए और लड़केवालों से दो टूक बात कर परस्पर तलाक का प्रस्ताव रखा। वे भी बिना हील-हुज्जत के तैयार हो गए और एक माह के अन्दर तलाक हो गया।

त्रिवेदी साहब अनुभवी और प्रगतिशील व्यवसायी थे। व्यापार में देखी

ऊँच-नीच और थपेड़ों ने उन्हें अपार धैर्य और प्रत्युत्पन्नमति प्रदान की थी। हर्षा के तलाक की कार्यवाही पूरी होने से पूर्व ही उन्होंने उसके हाथों की धूमिल मेहँदी को पुनः सुर्ख करने का निर्णय ले लिया था, पर बेटी के पुनर्विवाह हेतु योग्य वर कहाँ से लाएँ और कौन बनाएगा ऐसे में उनकी लाड़ली को जीवनसंगिनी। उनके अन्तर्मन में द्वन्द्व मचा था। विचारों का मंथन करते-करते अचानक एक शान्त, सौम्य और शालीन छवि उनकी आँखों में उभरी। उनके होंठ फुसफुसाए—''देव।'' और वे उठ खड़े हुए।

इसी सिलसिले में वे उस दिन देव की माँ से मिलने आए थे। बाद में यह प्रस्ताव सुनकर देव की माँ अवाक् रह गई थी। अचम्भित तो देव भी था पर हर्षा की गाथा सुनकर उसने स्वीकृति दे दी। लेकिन त्रिवेदी साहब की एक शर्त उसे आपत्तिजनक लगी।

वह बोला—''सर! मैं आपके यहाँ घर-दामाद बनकर नहीं रह सकता, न ही अपनी माँ को छोड़ सकता।''

त्रिवेदी साहब ने एक सप्ताह के अन्दर सुन्दर-सा एकमंजिला बँगला खरीदकर देव को उपहार में दे दिया। मंदिर में सादगी से शादी की रस्में अदा की गईं और शादी को कोर्ट में रजिस्टर्ड कराया गया।

उस दिन देव अपनी ब्याहता के साथ इस मुहल्ले के हर आत्मीय के यहाँ गया। सबने आशीष देकर बहू को मुँह-दिखाई दी। अगले दिन वह अपने नए बँगले में चला गया जहाँ सौभाग्य पलक पाँवड़े बिछाए उसकी राह देख रहा था।

उऋण

छुटपन में हम खूब खेलते—पकड़म-पकड़ाई...पहल दूज...आईस-पाईस... पोसम पा भई पोसम पा...गुड्डे-गुड़िया का ब्याह, और-तो-और पड़ोस के लड़कों के साथ पिट्ठू खेलना भी मुझे खूब याद है। कभी-कभी गुल्ली-डंडा या पतंगबाजी में कुछ सहायक कार्य लड़कियाँ करतीं, जैसे दूर गिरी गिल्ली को दौड़कर लाना या पतंग की डोर लपेटने और कन्ने बाँधने में मदद करना या चरखी पकड़ना।

हमारी हमउम्र साथियों की बड़ी-सी टोली थी। जिनमें सुमन मुझे सबसे प्रिय थी। मुझसे लगभग दो साल बड़ी, पढ़ने-लिखने में साधारण पर असाधारण रंगरूप। उसकी कटोरे जैसी आँखें, कटीली मुस्कान और हँसमुख स्वभाव मुझे बेहद भाता। उसके घर का बैठकखाना मेरे घर की बालकनी से साफ दिखता। उन दिनों मैं पाँचवीं या छठी कक्षा में पढ़ती थी।

सुमन के साथ प्रतिदिन एक-दो घंटे खेलना मेरी दिनचर्या थी। गली के भीतर अन्तिम छोर पर जमीन का चौकोर टुकड़ा हम बच्चों के खेलने का अड्डा था। जब खेल कर थक जाते तो एक तरफ बनी पत्थर की लम्बी बेंचनुमा चौंतरी पर बैठकर खूब गपियाते। उस चौंतरी पर लगभग दस बच्चे पंक्तिबद्ध होकर आराम से बैठ सकते थे। लड़कियाँ अकसर दो-दो की संख्या में वहाँ बैठकर गिट्टे भी खेलती थीं।

स्कूल से आते-जाते कहीं छोटे आकार के पत्थर दिख जाते तो हम उन्हें ऐसे झपटकर उठाते मानो कीमती हीरे-मोती हों। घर आकर माँ से नजरें बचाकर उन्हें धो-पोंछकर मित्रों की टोली में गिट्टों के नए सेट के रूप में पेश करते।

"आहा! कितने सुन्दर गिट्टे हैं! कौन लाया?" सब पूछते।

"मैं लाई हूँ!" बड़ी शान से अँगूठा सीने पर ठोकते हुए लानेवाली कहती। मानो कोहिनूर हीरे की नई-नई स्वामिनी बनी हो।

माँ से कई बार चपत भी लगती थी कि सड़क पर पड़े पत्थर गन्दे होते हैं, खबरदार जो उन्हें छुआ—पर कैसा मीठा बचपन था जब निर्मल मन की उड़ान को सांसारिक मलिनता भी बाधित न कर पाती।

छुट्टी का दिन तो ऐसा नशीला और मदमस्त होता था कि खेलना, खेलना और बस खेलना। जब तक पुकारा न जाए, घर की ओर कोई ताकता भी नहीं था। माँ बस खाने के लिए बुलातीं। शाम को खेलसभा मुलतवी होती और थक-हारकर सब बच्चे घर जाते और अपना-अपना होमवर्क करते।

उस दिन रविवार था। नहा-धोकर नाश्ता किया और मिठाई का टुकड़ा प्लेट में ही छोड़ दिया। हमारे यहाँ नाश्ते में भी मिठाई खूब खाई जाती थी। माँ बिगड़ी—"मिठाई खाकर उठो, जूठा नहीं छोड़ते।" पर मैं पहले ही उठ चुकी थी। माँ के आग्रह पर न चाहते हुए भी मिठाई उठा ली और बालकनी में खड़े होकर अनिच्छा से उसे कुतरने लगी। आँखें खेल के अड्डे की ओर थी। मैं टोह ले रही थी कि कोई संगी-साथी खेलने आया या नहीं। कान क्रीड़ा-कल्लोल सुनने को आतुर थे।

अचानक रुदन का एक समवेत स्वर उठा, मानो किसी ने गतिमान घोड़े की एकाएक लगाम खींच दी हो। चलायमान मन झटका खाकर पलभर को धड़कना भूल गया। मैंने दृष्टि घुमाई और सुमन को बैठक के द्वार पर रोते देखा। नन्हा-सा दिल धक्-धक् करने लगा। हाथ की मिठाई जूठी थाली में पटकी और सखी-धर्म निभाने सुमन के घर की ओर दौड़ पड़ी। उस जमाने में कड़ा अनुशासन होने के बावजूद आस-पड़ोस में जाने के लिए माता-पिता की अनुमति लेना या सूचना देना आवश्यक नहीं होता था।

आज सोचती हूँ तो यह अजीब-सी विसंगति जान पड़ती है, पर शायद पड़ोस के प्रति आत्मीय सम्बन्धों और अपेक्षाकृत सुरक्षित माहौल के कारण उन दिनों ऐसी उन्मुक्तता थी।

कुछ देर में हर घर के दो-तीन सदस्य सुमन के यहाँ एकत्रित हो गए। मेरे माता-पिता भी जल्दी ही उस समुदाय में सम्मिलित हो गए। औरतें रो रही थीं और पुरुष झुंड में धीरे-धीरे बातें कर रहे थे। हम बच्चों को ठीक से कुछ समझ नहीं आ रहा था। रोती औरतों के बीच सफेद सूती साड़ी पहने सुमन की सबसे बड़ी बहन बैठी थी। उस सद्यःविधवा ने सिर का आँचल माथे तक खींच रखा था और कभी-कभी दिखते विस्फारित नेत्रों से असामान्य ढंग से इधर-उधर ताक रही थी, मानो पहली बार इस घर में आई हो। न उसकी आँखों में आँसू थे, न ही चेहरे पर दुख के भाव। उसके दोनों ओर दो बच्चे बैठे थे जो हैरानी से वहाँ का दृश्य देख रहे थे। बच्चों की उम्र लगभग पाँच और आठ वर्ष थी। बेटा सोनू बड़ा था और बेटी गीता छोटी थी।

उस समय मुझे दो वर्ष पहले की एक घटना याद आई। जब सुमन के घर की छत पर खेलते-खेलते हमें प्यास लगी और हम पानी पीने छत पर बनी बरसाती में गए और कोने में रखे घड़े से पानी निकालकर पीने लगे। अचानक मेरी नजर दीवार पर टँगे फोटो पर पड़ी जो उलटा लटका था यानी चित्र दीवार की ओर था।

मेरे पूछने पर सुमन ने बताया--वृन्दा दीदी की तस्वीर है। जब से शादी हुई है, वे यहाँ कभी नहीं आईं। आठ बरस बीत गए, ससुरालवाले नहीं भेजते। माँ खूब रोती है इसलिए फोटो उलट दिया गया है ताकि माँ की निगाह न पड़े।

सात-आठ वर्ष की उम्र में मुझे ज्यादा कुछ समझ में नहीं आया पर सुमन की नजर बचाकर मैं वृन्दा दीदी की तस्वीर देखने का लोभ संवरण नहीं कर पाई थी। दीवार की ओर सिर टिकाकर फोटो उठाया और झाँकने का प्रयास किया। सुन्दर, छरहरी युवती स्टूडियो के नकली गुलदान के पास एक हाथ से दूसरे हाथ की उँगलियों को बड़ी नज़ाकत से पकड़े बैठी थी। कितनी आकर्षक और मोहक तस्वीर थी वृन्दा दीदी की।

आज दो वर्ष बाद विधवा के वेश में बैठी यह स्त्री तस्वीर वाली वृन्दा दीदी से बिल्कुल नहीं मिलती थी। कहाँ वह मनमोहिनी अदा, कहाँ यह सपाट चेहरा! कहाँ वह आधुनिक शृंगार, कहाँ यह निपट ग्रामीण वेशभूषा। उस दिन आज जैसा विश्लेषण करने की सामर्थ्य न थी पर इतना जरूर लगा कि यह वह वृन्दा दीदी नहीं थी जिन्होंने तस्वीर में मुझे मोहित कर लिया था। काश, यह वैसी ही होतीं।

तब नहीं जानती थी कि मेरे कोमल मन की साध एक दिवस सचमुच पूरी होगी और सामने बैठी यह सफेद पोटली फिर से तस्वीर वाली वृन्दा दीदी की शक्ल अख्तियार करेगी।

वृन्दा तीन भाई और पाँच बहनों में सबसे बड़ी थी। रूप और गुण से सम्पन्न। अभी दसवीं कक्षा में पढ़ रही थी कि एक अच्छा रिश्ता देखकर घरवालों ने विवाह पक्का कर दिया। पिता एक बड़े व्यापारी के यहाँ मुंशी थे, जिम्मेदारियाँ बहुत थीं, कमानेवाला एक। सो, दसवीं की परीक्षा देने से पहले ही ज्येष्ठ पुत्री के हाथ पीले कर दिए। ससुराल वालों ने बारात के स्वागत में मीन-मेख निकाली और बहू को कभी मायके नहीं भेजा। सुमन के पिता संवेदनशून्य थे या जिम्मेदारियों से विवश, कहना कठिन है किन्तु थोड़े-बहुत शुरुआती अनुरोध के बाद उन्होंने समधियों से बेटी को भेजने का आग्रह कभी न किया।

दस वर्षों में वृन्दा की दो सन्तानें हुईं, ससुर की मृत्यु हुई, इस बीच मायके में भी दो शादियाँ हुईं किन्तु दोनों परिवारों में कभी आना-जाना नहीं हुआ। पिछले सप्ताह टेलीग्राम द्वारा दामाद के निधन की सूचना मिलते ही वृन्दा के पिता गए और चौथा होने के बाद ही बेटी को ससुराल से लिवा लाए।

वृन्दा के पति दो भाई थे। बड़े भाई न जाने क्यों अविवाहित थे और वृन्दा के पति जो सरकारी मुलाजिम थे, प्रायः तबादला होने के कारण दूसरे शहरों में ही रहते थे। पत्नी-माँ के संरक्षण में या यूँ कहें कि कठोर अनुशासन में पुश्तैनी मकान में ही रहती थी। मकान क्या था भूतहा हवेली थी। चारमंजिला इमारत में रहनेवाले तीन प्राणी—सास, जेठ और वृन्दा।

पति बीच-बीच में आते तो वृन्दा का खँडहर-सा मन घंटियों की रुनझुन-सा आबाद हो उठता पर जल्दी ही वही नीरवता, वही एकाकीपन जीवन में पुनः साँय-साँय करने लगता। सुना है, सास के अत्याचारों, पति से बिछोह और मायके से अलगाव ने वृन्दा को यन्त्रणापूर्ण जीवन जीने पर विवश कर दिया। बाद में वे बताती थीं कि मायके आना तो दूर वहाँ उन्हें घर से बाहर निकलने या किसी से मिलने-जुलने का भी हुक्म नहीं था। धीरे-धीरे वे बाहरी दुनिया से कटकर पूरी तरह एक चारदीवारी में कैद होकर रह गईं।

पति की मृत्यु भी सन्देहास्पद ढंग से हुई। तीन दिन की छुट्टी पर वे घर आए थे। भाई के साथ किसी भोज पर गए। लौटने पर लगातार कै करने लगे और चल बसे। लोग दबी जबान में कहते थे कि जायदाद के लिए बड़े भाई ने छोटे भाई को मरवा दिया और अब उसकी ब्याहता पर भी उसकी नजर थी। वृन्दा के पिता इतनी छानबीन में नहीं पड़े। कौन कोर्ट-कचहरी के झमेले में फँसे। जाने वाला तो चला ही गया, सो बेटी को उसके बच्चों समेत लेकर लौट आए।

वृन्दा का सूना जीवन मुँह बाए खड़ा था। घर में पिता या भाई न तो अधिक शिक्षित थे, न सक्षम जो उसका और उसके बच्चों का आजीवन भार वहन करते।

कहते हैं, डूबते को तिनके का भी सहारा होता है। प्रगाढ़ तिमिर से प्रछन्न जंगल भी जुगनू की लपलपाहट से एकबारगी रोशनी में नहा उठता है। ठीक इसी तरह वृन्दा के घटाटोप जीवन में चाँदी की रेखा बनकर उभरे—चाचाजी।

चाचाजी गाँव-बिरादरी के एक पढ़े-लिखे व्यक्ति थे। उम्र पैंतीस साल, लम्बे, सुडौल, सुदर्शन व्यक्तित्व के स्वामी। संयोग से हमारे ही मुहल्ले में छह महीने पूर्व आ बसे थे। सरकारी नौकरी में होने से महकमों की तन्त्र-व्यवस्था व कागजी-कार्यवाही जानते थे। सुमन के सभी भाई-बहन गाँव के नाते से उन्हें चाचाजी कहते थे। उन्होंने वृन्दा के जीवन में देवदूत- सी भूमिका निभाई। उसके पति की पॉलिसी का थोड़ा-बहुत रुपया निकलवाया, उसे टाइपिंग सिखलाई। सत्ताईस साल की वृन्दा को मैट्रिक की परीक्षा

दिलवाई। फॉर्म भरवाने से लेकर पुस्तकें उपलब्ध कराने, पढ़ाने और परीक्षा दिलवाने तक का सारा काम किया।

दो वर्ष वृन्दा ने अपने को संयत करने, सामान्य बनाने, पढ़ने -लिखने, दफ्तरों के धक्के खाने और टाइपिंग सीखने में लगा दिए। चाचाजी की मदद से दोनों बच्चों को सरकारी स्कूल में दाखिला मिल गया। इस संघर्ष के दौर में कितनी ही बार वृन्दा को चाचाजी के साथ यहाँ-वहाँ जाना पड़ता। चाचाजी के पास एक मोटरसाइकिल थी। कई बार वृन्दा मोटरसाइकिल पर बैठकर भी जाती। पहली बार उसे मोटरसाइकिल पर बैठना नहीं आ रहा था। सर का पल्लू बार-बार खिसक जाता और नौसिखिए-जैसी वह किसी तरह बैठ पाई थी।

उस दिन मुहल्ले के जितने लोग इस दृश्य को वृन्दा के प्रति सहानुभूति और चाचाजी के प्रति कृतज्ञता से देख रहे थे, बाद में उन्होंने ही तरह-तरह की बातें करनी शुरू कर दी। समाज की संकीर्ण विचारधारा में दमित-कुंठित के प्रति दीनता का भाव तो है, पर उसे उठाने का माद्दा नहीं है। दो वर्ष के थपेड़ों ने वृन्दा के निरीह और भीरू व्यक्तित्व को आत्मविश्वास प्रदान कर मजबूत बना दिया।

घर से लगभग चालीस किलोमीटर दूर शहर के बाहर उपनगरीय क्षेत्र में वृन्दा को एक टाइपिस्ट की नौकरी मिली। सुबह चार बजे उठकर, सारे काम निपटाकर, छह बजे की लोकल ट्रेन पकड़ना और ऑफिस पहुँचना उसकी नवीन दिनचर्या बन गई। जो सालोंसाल चलीं। इस बीच उसने स्टेनोग्राफी का कोर्स भी किया और किसी बेहतर कम्पनी में स्टेनो हो गई।

दस वर्ष के अन्दर उसने खुद को खड़ा करके दुनिया की गति से गति मिलाने योग्य बना लिया था। पर मुझे याद आता है उन दिनों गली-मुहल्ले में लोग उसे अच्छी दृष्टि से नहीं देखते थे। उसका सुरुचिपूर्ण पहनावा, अँधेरा होने पर घर आना और कभी-कभार किसी पुरुष सहकर्मी को घर लाना; अनेक अफवाहों को जन्म देता। अब वह विवश-लाचार नहीं थी, ढंग का पहनती-ओढ़ती थी। उसकी बढ़ती लोगों को न सुहाती। उसके परिवार ने उसकी एक पैसे से कभी मदद नहीं की पर उसे और

उसके बच्चों को सिर छुपाने का आसरा मिला, इसी का वह एहसान मानती।

एक बार वृन्दा को लोगों ने जोर-जोर से चिल्लाते देखा। वह गली के एक तथाकथित सज्जन का नाम लेकर उन्हें कोस रही थी, जिन्होंने उसके सामने कोई आपत्तिजनक प्रस्ताव रखा था। वृन्दा का यह रूप देखकर सब सहम गए थे। सचमुच, अब वह पहलेवाली निराश्रित अबला न थी बल्कि आँखें फाड़कर, तर्जनी दिखाकर सामने आई मुसीबतों को धता बतानेवाली एक योद्धा थी। कर्मयोगिनी थी।

इन दस वर्षों में वृन्दा के अन्य भाई-बहनों का भी विवाह हो गया। भाइयों के विवाह के बाद रहने की किल्लत हुई सो उसने शहर के सुदूर क्षेत्र में दो कमरों का एक मकान किराए पर ले लिया। अब बच्चे बड़े हो गए थे। पर वृन्दा का संघर्ष अभी भी जारी रहा। बच्चों को बड़ा करने में उसने अपनी सारी ऊर्जा झोंक दी। सोनू उर्फ सुनील को बी.ए. कराया। गीता की रुचि पढ़ाई में अधिक न थी, फिर भी पत्राचार-कोर्स के माध्यम से उसे भी ग्रेजुएट बनाकर ही छोड़ा। गीता का विवाह कर दिया और सोनू ने बैंक से कर्ज लेकर एक टैक्सी खरीदी। बेटा भी माँ जैसा कर्मठ था। तीन-चार साल में अच्छा-खासा ट्रांसपोर्टर बन गया।

जीवन की अर्धशती बीतते-बीतते वृन्दा ने एक छोटा-सा मकान भी खड़ा कर लिया। उसके चरित्र पर युवावस्था में अनेक आरोप लगे, पर न तो उसने कभी माथे पर बिन्दिया सजाई, न ही किसी को अपने हृदय में बसाया। सारे आरोपों को खारिज करते हुए अविराम तपश्चर्या जारी रखी। फिर एक ऐसी घटना घटी जिसने उसके जीवन की कहानी को एक गाथा में बदल दिया।

वृन्दा के जीवन में देवदूत बनकर आए वे चाचाजी वृन्दा का उद्धार करने के बाद बदली होकर कानपुर चले गए थे। अठारह वर्षों तक अनेक शहरों में घूमकर वे पुनः दिल्ली के दफ्तर में नियुक्त हुए। वृन्दा को खोजकर उससे सम्पर्क साधा और उसकी उन्नति देखकर प्रसन्न हुए। अपना पता दिया और उससे घर आने का आग्रह किया।

रविवार को वृन्दा पुत्र को लेकर चाचाजी के घर गई। चाचीजी से भेंट

हुई। वह बच्चों का हाल पूछ ही रही थी कि हाथ में चाय की ट्रे लिए चाचाजी की पुत्री ने प्रवेश किया।

"अरे, यह पूर्णिमा है ना?" कहकर वृन्दा ने प्यार से उसे अपने पास बिठाया। पूर्णिमा का धवल मुखमंडल क्लान्त और मलिन लग रहा था।

"क्या बात है, तबीयत ठीक नहीं है क्या?" सुनकर चाचीजी सुबकने लगीं।

"चाचीजी! आप रो क्यों रही हैं?" वृन्दा चिन्तित हो उठी।

गम्भीर स्वर में चाचाजी बोले–"पिछले वर्ष ही इसका विवाह किया था किन्तु तीन महीने बाद ही सड़क दुर्घटना में दामाद चल बसे।"

वृन्दा का कलेजा धक से रह गया। अपना जीवन एक चित्रपट के समान आँखों के सामने घूम गया। आधे घंटे तक इधर-उधर की बातें होती रहीं। प्रकट में वृन्दा सब सुन रही थी पर भीतर जो कोलाहल मचा था, उसे भी अनसुना न कर पाईं। विचारों के सागर में डूबते-उतराते एक निर्णय लिया और उठ खड़ी हुईं।

"चाचाजी! मैं पूर्णिमा को अपनी बहू बनाना चाहती हूँ।" वृन्दा की वाणी ने कमरे में मौजूद चारों प्राणियों को स्तब्ध कर दिया।

"सोनू! तुझे कोई आपत्ति तो नहीं?" पुत्र की ओर मुखातिब होकर माँ ने पूछा।

उसका दिल जोरों से धड़कने लगा। 'कहीं सोनू ने प्रस्ताव अस्वीकार कर दिया...यह मैंने क्या किया...जवान लड़का है, उसके भी अरमान हैं... कहीं उसकी कोई अपनी पसंद हुई तो...आज्ञाकारी है तो क्या...आखिर उसे भी सोचने का वक्त देना चाहिए, था नहीं-नहीं...यह ठीक नहीं हुआ...मुझे इतना अधीर नहीं होना चाहिए था,' वृन्दा खुद को कोसने लगी।

'पर चाचाजी के अहसान...वो उपकार...वो नेकी,' मन जिरह करने लगा। आज वृन्दा के दिए गए संस्कारों की परीक्षा थी।

"बोल सोनू! पूर्णिमा को अपनी जीवनसंगिनी बनाएगा?" वृन्दा के होंठ थरथरा रहे थे। कातर दृष्टि से उसने सोनू की ओर देखा।

अन्ततः उसकी परवरिश जीत गई। सोनू ने स्वीकृति दे दी।

चाचाजी की आँखों में आँसू थे। अस्फुट स्वर में बोले, "वृन्दा! तुम...?"

"बस चाचाजी, आप कुछ न कहें, भगवान ने आपका ऋण चुकाने का मौका दिया है।" वृन्दा की मरुस्थल-सी आँखें आज बरसों बाद पुनः सजल हो उठीं।

अम्बा

आज यादों का झोंका आया और जीवन की किताब के पन्ने फड़फड़ा उठे। एक नाम उभर आया—अम्बा, मेरी सहपाठी रंजना की माँ—अम्बा।

तब मैं सातवीं कक्षा में पढ़ती थी। घर से कुछ दूर रंजना का मकान था। एक कॉपी या किताब लेने मैं रंजना के घर गई। यह पहला मौका था, जब सीढ़ियाँ चढ़कर उसकी भव्य अट्टालिका में प्रवेश किया। यूँ स्कूल से साथ-साथ आते हुए उसके घर के नीचे से कई बार गुजरी हूँ। कॉलबेल दबाते हुए दिल धड़का था। उस जमाने में उस इलाके में हवेलीनुमा घरों के फाटकनुमा दरवाजे अमूमन खुले ही रहते थे। निर्बाध आवागमन था, कॉलबेल का प्रचलन नहीं था और दरवाजे बन्द होने पर भारी साँकल को खड़खड़ाया जाता था।

दूसरी बार कॉलबेल दबाने पर रंजना ने दरवाजा खोला और धीरे-धीरे आवश्यक वार्तालाप करते हुए कॉपी दी। पाँच मिनट भी नहीं हुए थे कि कड़कड़ाती आवाज आई—"रंजना...।"

"आई, अम्माजी..." कहते हुए रंजना ने सहमी आँखों से विदा का संकेत देकर दरवाजा बन्द कर लिया।

भारी कदमों से मैं सीढ़ियाँ उतरने लगी। रास्तेभर रंजना की माँ का काल्पनिक रेखाचित्र बनाती रही। मेरी माँ मेरी सहेलियों को बड़े चाव से खिलाती-पिलाती, दुलारतीं और मीठी बातें करतीं। रंजना की माँ ने भीतर

आने को भी नहीं कहा। रंजना, जो स्कूल में कैसे चहकती है, घर में कितनी सहमी-सहमी थी। मेरे मन में कितने ही प्रश्न अनुत्तरित थे।

एक अन्य दिन मैंने रंजना की माँ को महरी पर बिगड़ते देखा— "बिना नहाए इस घर में मत घुसना और अपने बच्चे का इन्तजाम कर लो, इसे काम पर लाने की जरूरत नहीं।" महरी कातर भाव से मैले-कुचैले बच्चे को छाती से चिपकाए मालकिन की ओर देख रही थी।

अम्बा देवी ने महरी के लिए एक साड़ी रखी हुई थी। महरी रोज आती, उस साड़ी को पहनकर घर की साफ-सफाई, चौका-बासन करती और जाते हुए उसे धो-पसारकर जाती।

ऐसी ही एक-दो और घटनाओं ने रंजना की माँ के प्रति मुझे सशंकित कर दिया। मुझे याद है, जब एक बार रंजना किसी काम से मेरे घर आई और हमारे पास-पड़ोस के लड़के-लड़कियों की टोली के खेलकूद में रम गई। अचानक याद आया कि अम्माजी ने तुरन्त लौटने को कहा था।

बोली—"अम्माजी डाँटेंगी, तू मुझे छोड़ने चल।"

मैं हिचकिचाई, पर उसके आग्रह पर उसे छोड़ने चली गई। धीरे-धीरे उसके घर की सीढ़ियाँ चढ़ते हुए दिल धौंकनी-सा धड़क रहा था।

रंजना की माँ ने दरवाजा खोला। मैं उसके देर से पहुँचने के लिए कोई दलील देती, उसके पहले ही उसकी माँ ने एक छड़ी निकाली और सड़ाक की आवाज़ के साथ छड़ी हवा में घूम गई। इस आकस्मिक प्रतिक्रिया से मैं इतना डर गई कि उलटे पाँव क्रमशः दौड़ते हुए अपने घर लौट आई और रजाई में मुँह ढाँपकर दुबक गई थी।

उस दिन से रंजना की माँ को लेकर मन में एक भय समा गया था। मैं अपनी माँ से उनकी तुलना करती। मेरी माँ जिनके माथे पर कभी त्यौरी नहीं देखी...माँ, यानी ममता का छलछलाता सागर...पर रंजना की माँ ऐसी क्यों है?

दो-तीन महीनों बाद भेद खुला कि अम्बा देवी रंजना की सौतेली माँ थी। मुझे उस दिन का दृश्य याद हो आया, जब उन्हें पहली बार देखा था— धवल गौर वर्ण, नाक में मोटी-सी दमकती हीरे की लौंग, लम्बोदरा चेहरा, कठोर भाव-भंगिमा और हाथ में छड़ी।

वार्षिक परीक्षा के बाद परिणाम आया तो रंजना फेल हो गई थी। धनाढ्य व्यापारी पिता की पुत्री रंजना दो बड़े भाइयों की छोटी बहन थी। उसके फेल होने से मुझे दुख हुआ। बेचारी शायद सौतेली माँ के जुल्मों के कारण न पढ़ पाती होगी—ऐसे विचार मुझे अशान्त कर जाते।

आठवीं कक्षा में एक नई छात्रा ने प्रवेश लिया। बातचीत से पता चला कि वह रंजना की दूर की चचेरी बहिन है। उससे जो जानकारी मिली, वह चौंकाने वाली थी। उसने बताया कि अम्बा चाची बहुत अच्छी हैं, बेहद सुघड़ और अनुशासित। बाईस वर्ष की उम्र में वे ब्याहकर इस घर में आईं। जहाँ सोलह-सत्रह बरस के दो पुत्र और दस-ग्यारह बरस की रंजना उन्हें पुत्री के रूप में मिली। अपने अनुशासन के बूते वह तीनों बच्चों की परवरिश सख्ती से कर रही थीं ताकि कोई ऊँच-नीच न हो।

कुछ महीनों बाद मेरे भाई का जन्म हुआ। जन्मोत्सव में मैंने रंजना को भी आमन्त्रित किया, किन्तु वह नहीं आई। गोया, बाद में वह कभी-कभी मेरे घर आती रही। मेरा छह-सात माह का भाई दूधिया रंग का, गोल-मटोल, बड़ी-बड़ी आँखों और घुँघराले बालों के कारण सबको लुभाता था। रंजना जब-जब आती, उसे गोद में उठाने को तरसती पर न जाने क्यों वह उसके पास कभी न जाता, रोता-चिल्लाता।

इस पर रंजना कहती—"भाई, मैं गोरी नहीं हूँ ना, इसलिए तू मेरी गोद में नहीं आता।"

रंजना साधारण रंग-रूप वाली लड़की थी। कुछ माह बाद अम्बा देवी ने भी एक पुत्र को जन्म दिया। बच्चे के माथे पर तिलक जैसा एक कुदरती चिह्न था। इसी से उसका नाम रखा गया—तिलक। रंजना बहुत खुश थी। मैं धीरे-धीरे फिर उसके घर जाने लगी।

दो वर्ष बाद रंजना के बड़े भाई का विवाह हुआ। नई भाभी को देखने की उत्सुकता में एक दिन मैं उसके घर गई। बड़ी सौम्य थीं—सुलेखा भाभी। ट्रे में मिठाई की प्लेट और शर्बत रखते हुए बोलीं—"जीजी! आम काटकर लाऊँ क्या? अच्छा, मठरी खिलाती हूँ।"

मैंने हैरानी से फुसफुसाकर पूछा—"रंजू! बड़ी भाभी तुम्हें जीजी कहती हैं?"

"अरे हाँ, हमारे यहाँ ऐसे ही पुकारा जाता है, बल्कि शुरू में भाभी मुझे रंजना जीजी कहती थीं, पर एक-दो दिन बाद ही अम्माजी ने कहा—'देखो सुलेखा! आगे-पीछे तुम्हारी एक ही तो ननद है, नाम लेने की क्या जरूरत है।' तब से भाभी बस जीजी ही कहती हैं।"

अम्बा देवी का दबदबा देखकर मेरा किशोर मन प्रभावित हुए बिना नहीं रहा।

कुछ समय बाद रंजना से मिलना-जुलना बन्द हो गया। मैंने अच्छे अंक प्राप्त कर कॉलेज में दाखिला ले लिया था। एक-आध साल बाद सुना कि रंजना का विवाह हो गया। उसका पति हीरों का व्यापारी था। फिर उसके पुत्र होने की खबर सुनी। इस बीच उसके दूसरे भाई का भी विवाह हो गया था। बाद में कभी-कभी उसका ख्याल आता पर कोई सम्पर्क सूत्र न होने से सम्बन्ध टूट-सा गया। मेरे पिता पुराना मकान बेचकर शहर के नए खुले इलाके में आ बसे।

सात-आठ सालों बाद माँ को पुराने बैंक के लॉकर जाना था। मैं भी साथ हो ली। उस दिन विचित्र अनुभव हुआ। जहाँ बचपन और लड़कपन गुज़ारा हो, अचानक वे गलियाँ बाँह पसारे मोहपाश में बाँधने को आतुर लगीं।

मैंने माँ से आग्रह किया—"माँ, चलो ना! ज़रा पुरानी हवेली का एक चक्कर लगाया जाए।"

हम दोनों पुरानी चिर-परिचित दुकानों, मकानों, लैटर-बॉक्स, पनवाड़ी, सुनार, फलवाले और नाथू जौहरी के ठिकानों को निहारते आगे बढ़े जा रहे थे। अभी भी गलियों का नक्शा लगभग वैसा ही था जैसा हम छोड़ गए थे।

अचानक रंजना के एक पड़ोसी से भेंट हुई तो पता लगा कि उसके पिता लालचन्दजी तीन वर्ष पहले गुजर गए और पिछले माह अम्बा देवी का पुत्र तिलक स्कूली शिक्षा खत्म करके जैसे ही कॉलेज पहुँचा कि दस-बीस दिनों के भीतर एक दुर्भाग्यपूर्ण बस-दुर्घटना में चल बसा। सुनते ही मैं सकते में आ गई। अम्बा देवी का चेहरा आँखों के सामने घूम गया।

हाय, विधाता की ऐसी मार! सारा जीवन जिसने पराए दरख्तों को सींचा, पति की पूर्व सन्तानों को पोसा, आज अपनी बेल को भिगोने आई तो अमृतकलश टूटकर बिखर गया। कल्पतरु से जिस पुत्र के लिए सपनों के तार बुने, वह पानी के बुदबुदे-सा छलकर चला गया।

चलचित्र की तरह दृश्यों की लम्बी शृंखला मेरे स्मृतिपटल पर कौंधने लगी,...कड़क स्वरवाली अम्बा देवी...हाथ में छड़ी लिए अम्बा देवी...बहू को नसीहत देती...महरी को लताड़ती...।

किशोरवय में मैं अम्बा देवी का सामना करने में हिचकिचाती पर आज मेरी उम्र की परिपक्वता और तिलक की त्रासदीपूर्ण मौत ने मुझमें उस स्त्री से एक बार मिलने की इच्छाशक्ति को प्रबल कर दिया और दो दिन बाद मैं उनके घर पहुँची।

दरवाजा खुलते ही रंजना की छोटी भाभी से, जो मेरे लिए अपरिचित थी, सामना हुआ। मैंने अपना परिचय दिया। वह मुझे सुसज्जित ड्रॉइंगरूम में ले गई। मैं अम्बा देवी से मिलने को आकुल थी। पता लगा, वे संध्या का दीपक जलाने ठाकुरजी के कमरे में गई हैं।

दस मिनट बाद बगल के दरवाजे से अम्बा देवी प्रविष्ट हुईं। वही चौड़ा किन्तु कुमकुमविहीन ललाट, दमकती हीरे की लौंग, किंचित् सफेदी लिए जूड़े में आबद्ध केश...। मेरा हृदय बचपन-सा पुनः धड़कने लगा।

"अम्माजी...पहचाना, मैं...रंजना की,..."

"बिट्टी...अरे तुम कैसे...?" अम्बा देवी के बन्द होंठों पर संकुचित मुस्कान सभ्य अतिथि की तरह आ खड़ी हुई।

"वो मैं..." बातों के दौरान मैंने पिछले आठ-दस वर्षों का संक्षिप्त लेखा-जोखा दिया। रंजना के बड़े भाई-भाभी का हाल पूछा और उनके पुत्र के विषय में जैसे ही मुँह खोला, अम्बा देवी उठ खड़ी हुईं और मेरे पीछे चाँदी के फ्रेम में मढ़े पुत्र के चित्र को उठाकर बोली—"अपना कर्ज वसूलने आया था, चला गया...।" अम्बा देवी की थरथराती आवाज़ में मैंने बरसों पहले की कठोरता को पिघलते देखा।

"अम्माजी आप आजकल क्या करती हैं?" मैंने पूछा।

दीर्घ निःश्वास लेकर बोलीं—"कर्जा चुक गया है, अब कोई चिन्ता

नहीं, सोचती हूँ, दान करूँ।''

''कैसा दान?''

''बस दान लेनेवाले आते ही होंगे।''

मेरे मन में कौतूहल जागा। तभी देखती हूँ, भिखमंगों की टोली-सा दस-बारह बच्चों का समूह सीढ़ियों में हो-हल्ला करता ऊपर आ धमका। गुदगुदे कालीन पर धक्का-मुक्की करते सब बच्चे पसर गए। अम्माजी... अम्माजी, का शोर उभरा। अम्बा देवी ने कोमलता से तर्जनी उठाकर उन्हें शान्त किया। तभी दो नौकर नाश्ते की दस-बारह प्लेटें लाकर बच्चों को परोसने लगे। खूँटे से छूटी गाय जैसे भूसे पर मुँह मारती है, वैसे ही दरिद्र नारायणों की फौज नाश्ते पर टूट पड़ी।

मैं अम्बा देवी की आँखों की नई परिभाषा को पढ़ने का प्रयास कर रही थी कि अम्बा देवी के स्वर से मेरा ध्यान टूटा।

''अच्छा बच्चो! चलो, दूसरे कमरे में चलकर बैठो, आज मैं नया भजन सिखाऊँगी।''

मैंने अम्बा देवी से विदा ली और उठ खड़ी हुई। आज उस घर की सीढ़ियाँ उतरते हुए लगा मानो पैरों के बन्धन खुल गए हों। मन हिरण-सा कुलाँचे मार रहा था।

मलेच्छ

बैरिस्टर परिमल शेखर अपने कमरे की खिड़की से बाहर शून्य में ताक रहे थे।

"गुड मॉर्निंग मिस्टर शेखर।" सिस्टर नैन्सी के अभिवादन ने बैरिस्टर का ध्यान भंग किया।

"गुड मॉर्निंग सिस्टर।"

सामने हल्के नीले ट्यूनिक में मृदुल मुस्कान ओढ़े उनकी नर्स खड़ी थी। लोग जिसे सिस्टर कहते हैं वह एक माँ की तरह पिछले दस हफ्तों से उनकी सेवा-टहल कर रही है। ट्यूबरक्लोजिज का इलाज कराने वे यहाँ स्विट्जरलैंड के इस सेनेटोरियम में भरती जो हैं।

बैरिस्टर शेखर, राय बहादुर अमरकान्त बनर्जी के छोटे पुत्र थे। दिखने में कामदेव, पूरे जिले में उनकी वकालत की तूती बोलती, रूप और गुण से सम्पन्न पर बड़े भाई उत्पल शेखर के जीवन में हुए एक हादसे ने परिमल के जीवन का रुख ही बदल दिया।

हुआ यूँ कि उत्पल का विवाह राजघराने की एक आधुनिक राजकुमारी से तय हुआ जिसकी शिक्षा-दीक्षा लन्दन में हुई थी। रायबहादुर का खानदान भी कुछ कम नहीं था। सैकड़ों एकड़ की रियासत–भारी लगान की वसूली और अंग्रेजों को मोटा चढ़ावा के बदले में रायबहादुर का तगमा। गुलाम हिन्दुस्तान में फिरंगियों के ऐसे अनेक ताबेदार थे जो सुख-वैभव में

आकंठ डूबे हुए थे। रायबहादुर ने दोनों पुत्रों को राजसी ठाठ-बाट से पाला, पढ़ाया-लिखाया और दोनों ही वकील बन गए। किन्तु उत्पल के भाग्य में विवाह के ग्रह राहू-केतु बनकर बैठे थे। तभी तो परिणय-पाश ने नाग की तरह उसके सुख-चैन को डस लिया।

नवोढ़ा पत्नी ने मधुयामिनी को ही घूँघट उलट दिया और उत्पल को बेवफाई का ऐसा घूँट पिलाया कि वह जीवनभर इसके कसैलेपन से उबर न पाया। नवब्याहता लन्दन में ही किसी गोरे से प्रेम करती है और उसका विवाह बलपूर्वक किया गया है—यह घोषणा प्रथमरात्रि को ही उसने पति के सम्मुख कर दी और स्वयं को विलग करने का आग्रह भी किया, जिसे उत्पल ने निर्विरोध स्वीकार कर उसे अपने घर से ही नहीं अपने जीवन से भी अलग कर दिया।

एक दिन के गठबन्धन ने गिरह खुल जाने के बाद भी गम्भीर, सौम्य और जिम्मेदार उत्पल को कभी घुटन से मुक्त न होने दिया। एक नारी ने इस नरव्याघ्र के स्वाभिमान को क्षत-विक्षत कर दिया था। वह स्वयं को परास्त, लज्जित और वंचनाग्रस्त महसूस कर रहा था। मित्रों से हास-परिहास, वकालत और सामाजिक आवागमन कम होने लगा। स्टडी की जगह शयनकक्ष के कोने और मित्रमंडली की जगह मदिरा की बोतलों ने ले ली।

भाई की दुर्दशा ने अनुज परिमल को व्यथित कर दिया। अनायास ही स्त्री और विवाह दोनों के प्रति मन में वैराग्य उत्पन्न हो गया और रायबहादुर के दूसरे पुत्र ने चिर-अविवाहित रहने की भीष्मप्रतिज्ञा कर डाली।

माता का बालपन में ही देहान्त हो गया था। बालविधवा दो बुआएँ थीं जिन्होंने भाई के महलनुमा घर में दोनों भतीजों को पाला-पोसा। अब न पिता रहे, न दोनों बुआ। घर भूतबँगला-सा लगता। बड़े भाई उत्पल ही परिमल के लिए पिता, बन्धु, सखा सबकुछ थे।

पिछले बीस वर्षों से उत्पल का जीवन एक ही ढर्रे पर चल रहा था पर परिमल की बैरिस्टरी दिन-ब-दिन चमकती गई। कितनी ही सुकन्याएँ परिमल के लिए आहें भरते-भरते कहीं और ब्याही गईं और अब दादी-नानी बनने को आईं। परिमल ने सारी ऊर्जा और अध्यवसाय अपनी वकालतों

में लगा दिया। परिणाम कि उनकी टक्कर का दूसरा कोई वकील पूरे सूबे में नहीं था।

रायबहादुर की हवेली के भीतर एक विशाल कक्ष में परिमल की पूर्वज-परम्परा तैलचित्रों की प्रदर्शनी के रूप में दीवारों पर अलंकृत थी। कितनी भी व्यस्तता हो, परिमल शयनकक्ष में जाने से पूर्व एक बार यहाँ आते और पिता के चित्र से मुखातिब होकर मौन वार्तालाप करते।

आज पहली बार ऐसा हुआ कि उन्होंने इस कक्ष की दहलीज नहीं लाँघी। कारण, उन्हें खाँसी का जबरदस्त दौरा पड़ा। खाँसते-खाँसते साँस उखड़ने लगी, आँखें अंगारों-सी जलने लगीं। वे विशाल आरामकुरसी पर पस्त हो गए। नौकरों ने उठाकर पलंग पर लिटाया। डॉक्टर आए और छाती के एक्सरे का निर्देश दिया।

पिछले एक महीने से परिमल को खाँसी की शिकायत थी पर नहीं जानते थे कि यह फेफड़े में गहन संक्रमण की सूचना है। जाँच से पता चला कि टी.बी. ने दोनों फेफड़ों को जकड़ लिया है। मित्र, रिश्तेदार, परिचित और सेवक सब हैरान थे कि परिमल जैसा सात्विक और संयमित जीवनचारी कैसे इस बीमारी की चपेट में आ गया। बड़े भाई उत्पल को यह रोग होता तो कोई अचम्भे की बात न थी। खैर, तुरन्त निर्णय लिया गया। उस जमाने में टी. बी. भयंकर संक्रामक रोग था जो बिगड़ने पर असाध्य भी हो जाता था। गैर-तो-गैर, अपने भी रोगी से दूरी कायम कर लेते थे।

दूरदर्शी परिमल ने वह स्थिति आने से पूर्व ही अपना बन्दोबस्त कर लिया। सम्पर्क साधकर स्विट्ज़रलैंड के सेनेटोरियम में अपने लिए कक्ष बुक करा लिया। सिस्टर नैन्सी के रूप में उन्होंने पहली बार किसी से इतनी सेवा ली। उन्हें दवा के साथ पथ्य देना, स्पॉन्ज करना, बुखार नापना—ये सभी काम नैन्सी बड़ी सहजता से करतीं। तिपाई पर रखे गुलदान में कभी ब्लूबैल्ज, कभी कार्नेशन तो कभी ट्यूलिप के फूल सजाती। परिमल पुष्पसज्जा में लीन नैन्सी को निर्विकार भाव से देखते। कभी-कभी खाँसते-खाँसते कै हो जाती तो एक माँ की तरह वह बड़े धैर्य से कपड़े और चादर बदलकर उन्हें सफाई और सुरक्षा प्रदान करती।

नाटे कद की नैन्सी अंग्रेज थी पर नाकनक्शा एकदम साधारण या यूँ

कहें कुछ हद तक अनाकर्षक। अपने रोगी के मनबहलाव हेतु कभी-कभी इधर-उधर की बातें करती। परिमल भी उसके साथ के आदी हो गए थे। दो महीनों में दोनों एक-दूसरे के जीवन के विषय में काफी कुछ जान चुके थे। एक अनौपचारिकता दबे पाँव दोनों के बीच पसरती जा रही थी।

नैन्सी का भी एक अतीत था। उसे स्कूली जीवन में एक लड़के से प्रेम हुआ और अठारह बरस की उम्र में वह घर से भाग गई। प्रेमी अच्छा पति न बन पाया। न उसमें कुछ विशेष योग्यता थी न कमाई, ऊपर से व्यसनी। जल्दी ही प्यार का बुखार उतर गया। नैन्सी ने अच्छी पत्नी बनने की कोशिश जरूर की पर वह माँ न बन पाई।

स्त्री-पुरुष के सम्बन्ध को सन्तान स्थायित्व प्रदान करती है। मातृ-पितृत्व की गरिमा से इस रिश्ते में प्रगाढ़ता आती है। नैन्सी का अपने प्रेमीपति से सम्बन्ध जड़ नहीं पकड़ पाया और एक दिन क्षुब्ध होकर उसने भी उग्र रूप धारण कर लिया। प्रायः पति की मार खानेवाली नैन्सी ने एक दिन भारी गुलदान उठाकर उसके सिर पर दे मारा और घर से निकल भागी। फिर कभी वह लौटकर उस तरफ नहीं गई।

संघर्ष किया, नर्स की ट्रेनिंग की और पिछले बाईस वर्षों से इसी सेनेटोरियम में सेवारत है। अब उसे किसी से कोई गिला नहीं। उसका जीवन और जीविका दोनों इसी अस्पताल से जुड़े हैं।

दस हफ्ते गुजर चुके थे। परिमल शेखर को पूर्ण स्वास्थ्यलाभ होने पर डॉक्टरों ने भारत लौटने की अनुमति दे दी, पर अगले छह महीने तक सावधानी बरतने को कहा।

परिमल अपनी सेहत को लेकर काफी सतर्क थे। घर में दरोदीवार की देखभाल के लिए चाकरों की फौज थी पर सेवाटहल हेतु कोई माँ-पत्नी सरीखा आत्मीय न था। बहुत सोच-विचार कर एक निर्णय लिया।

"नैन्सी! तुम मेरे साथ इंडिया चलोगी?"

"इंडिया! बट हाऊ कैन आइ कम विद यू?"

"मेरी नर्स बनकर।" परिमल बोले।

"इंडिया जाएगा तो मेरा नौकरी छूट जाएगा।" अढ़ाई महीनों में परिमल के साथ उसने टूटी-फूटी हिन्दी बोलना सीख लिया था।

"तो तुम वहीं रह जाना।" नैन्सी को परिमल की बात अव्यावहारिक लगी।

"अम ऐसे कैसे रह सकटा है एंड फॉर हाऊ लांग? इडर अमारा कन्ट्री है, उडर कौन है?"

"उधर मैं हूँ।" परिमल शान्त स्वर में बोले।

"पर, ऐसे कैसे...?"

परिमल ने पहली बार सिस्टर नैन्सी के छोटे-छोटे हाथों को आत्मीयता से थामा।

"तो मुझसे शादी कर लो।"

नैन्सी अवाक् थी परिमल के इस आकस्मिक प्रस्ताव पर। आज का यह क्षण उसके लिए अकल्पनीय और नितान्त अनपेक्षित था।

हवेली में कोई नहीं जानता था कि हवाई जहाज से परिमल के साथ उतरनेवाली वह अंग्रेजन रायबहादुर खानदान की बहू बननेवाली है।

परिमल ने कोर्ट में आवेदन दिया और कानूनी तौर पर नैन्सी डिसूजा से शादी कर ली। उसे नया नाम मिला—नयनतारा परिमल बनर्जी।

जिसने भी इस जोड़ी को देखा, नाक-भौं ही सिकोड़ी। पहले तो धर्मानुयायियों ने म्लेच्छन से किए गए इस विवाह को अवैदिक और अनैतिक घोषित किया। परिमल को स्वेच्छाचारी-अनाचारी कहकर धिक्कारा। फिर बिरादरी वालों ने नैन्सी के नाटे कद और नाक-नक्शे पर टीका-टिप्पणी की।

"का कहैं, चन्द्रमा को ग्रहण लग गया।"

"अरे, मत मारी गई है मालिक की। रायबहादुर खानदान का चिराग... सवर्ण हिन्दू, अप्रतिम रूप-गुण...।

"हाय, जवानी तो खाक कर दी, अब बालों में सफेदी आने पर शौक चर्राया है—गिरस्ती बसाने का।"

"और, वह भी इस मलेच्छन के साथ, राम-राम...बेड़ा गरक कर दिया, पुरखों की इज्जत का...।"

"और बियाह रचाना ही था तो तनिक उमरिया का तो खियाल करते।

अब ई बंजर भूमि कऊन रतन उगलेगी?"

अपने शुष्क एकाकी जीवन में अधिकतर बूढ़े-बीमार रोगियों की सेवा करते-करते नैन्सी समय से कुछ पहले ही प्रौढ़ा दिखने लगी थी। मन का प्रसून जब कुम्हला जाता है तो तन भी अपनी रंगत खोने लगता है।

नैन्सी के प्रति समाज के लोगों में जो अस्वीकृति की सुगबुगाहट थी—वह परिमल शेखर से छिपी न थी, पर वे कोई प्रतिक्रिया न कर अपनी संगिनी को पूरा सम्मान देते क्योंकि पत्नी के रूप में उन्हें एक सच्ची नर्स, घर की केयर-टेकर, खानसामा और हमदर्द साथी—सब कुछ मिल गया था। नैन्सी उनके बड़े भाई उत्पल की देख-रेख में भी कोई कमी न छोड़ती।

आते ही उसने नयनतारा की शख्सियत को पूरी तरह ओढ़ लिया था। हिन्दुस्तानी लिबास, माथे पर टिकली, भूरे सुनहरी बालों का जूड़ा और धीरे-धीरे बदलती देसी जबान। पर कितना ही प्रयास कर ले, नामुराद गोरी चमड़ी चुगली कर ही बैठती और सब भेद खुल जाता। हर रविवार नैन्सी फिटन में बैठकर चर्च जाती। बहुत दिनों तक लोगों के लिए वह अजूबा बनी रही।

परिमल की रुग्णावस्था में माँ की तरह तीमारदारी करनेवाली सिस्टर नैन्सी अब पति के लिए नैना बन चुकी थी। वे उसे इसी नाम से पुकारते। मातृभगिनी-विहीन परिमल शेखर को नैना के साहचर्य में एक साथ अनेक रिश्तों की महक मिलने लगी।

उन्हीं दिनों गुलाम हिन्दुस्तान में सबसे जघन्य घटना घटी—जलियाँवाला बाग हत्याकांड। पूरे देश में जिसकी तीखी प्रतिक्रिया हुई। रवीन्द्रनाथ टैगोर की तरह अनेक सम्भ्रान्तों ने अंग्रेजों की दी उपाधियाँ लौटा दीं। परिमल शेखर के पिता को भी 'रायबहादुर' की पदवी मिली थी। वे तो अब नहीं रहे पर अंग्रेजों के अन्य कृपापात्र वंशों की तरह इस खानदान में भी पहली बार अंग्रेजों के प्रति रोष पैदा हुआ और यह हुआ—नैन्सी के कारण।

कुछ माह पूर्व नैन्सी, एनी बेसेन्ट की थियोसॉफीकल सोसायटी से जुड़ी। वह ईसाई और हिन्दू धर्म की एकता की अच्छी मिसाल थी, सोसायटी के उद्देश्यों की प्रतीक। सो सोसायटी में उसे काफी बढ़ावा मिला। अब

वह सक्रिय रूप से सामाजिक गतिविधियों से जुड़ गई। बातचीत के दौरान पति को भी वह इस ओर प्रेरित करती।

जलियाँवाला बाग की घटना के बाद परिमल भी अन्य बुद्धिजीवियों की तरह अत्यन्त विचलित हो गए। पहले वे पत्नी की प्रेरणा से 'होम रूल लीग' से जुड़े फिर असहयोग आन्दोलन के तहत गांधीजी के आह्वान पर वकालत को तिलांजलि दे दी। देशव्यापी स्वदेशी आन्दोलन में भी इस दम्पती ने बढ़-चढ़कर हिस्सा लिया और आजीवन खादी धारण करने का प्रण ले लिया।

नैन्सी खादी की कन्नीदार साड़ी पहने माँग में सिन्दूर भरकर जब प्रचार के लिए निकलती तो अनायास ही महिलाओं का हुजूम उसके पीछे जुटता जाता। नैन्सी अब एक कर्मठ, देशभक्त, वीरांगना नयनतारा बन चुकी थी।

प्रायः राजनैतिक बैठकों में वह दूर-दराज गाँव-देहातों में घूमती, पदयात्राएँ करती। परिमल शेखर भी एक स्वतन्त्रता सेनानी बन चुके थे। क्लब, पार्टी, रंगशाला में नृत्यगान और फिटन की सवारी वे भूल चुके थे।

नैन्सी ने विवाह के बाद तीन वर्षों तक जेठ उत्पल शेखर की बड़ी सेवा की। जब तक कि जिगर के रोग से उनकी मृत्यु न हो गई।

वे लोग जो नैन्सी को तिरस्कार और बहिष्कार की दृष्टि से देखते थे, आज उसका सम्मान करते। नयनतारा सबकी समादृता दीदी बन चुकी थी जिसने पन्द्रह वर्षों तक एक सच्ची हिन्दुस्तानी बनकर—*करणेषु दासी, मन्त्रेषु भगिनी। भोजनेषु माता, शयनेषु रम्भा॥* के रूप में पति का साथ दिया, प्रेरक बनी। उसकी प्रेरणा से परिमल की सारी चल-अचल सम्पत्ति स्वाधीनता के हवन-कुंड की समिधा बन गई।

नैन्सी से परिणय के पन्द्रह वर्षों बाद एक दिन ऐसा आया जब परिमल शेखर की जीवनयात्रा मृत्युशय्या पर आकर थम गई। पलँग के चारों ओर दर्जनों लोग घेरा डाले खड़े थे। सैकड़ों लोग दर्शनों के लिए आकुल थे।

एक वह समय था जब विशाल हवेली के अहाते में एक परिन्दा भी बमुश्किल दिखाई देता और एक आज का दिन है जब जनता जनार्दन का महासमुद्र परिमल की निष्प्राण देह पर अश्रुसुमन चढ़ा रहा है।

दीदी नयनतारा पति के सिरहाने मौन बैठी है। देर रात तक दर्शनार्थियों का ताँता लगा रहा। कल सुबह दाह संस्कार होना है। आवश्यक तैयारियाँ चल रही हैं।

दीदी का संकेत पाकर सब लोग बाहर चले गए। दीदी रात में अकेले पति के पार्थिव शरीर के साथ रहना चाहती है। उनके आदेश पर बेला, जूही और श्वेतकमल के टोकरे मँगवाए गए। घर में मौजूद लोग कुछ समझ पाते, इससे पूर्व दीदी ने किवाड़ बन्द कर लिए।

परिमल शेखर और नयनतारा के कुछ राजनैतिक कार्यकर्ता और आत्मीयजन यहाँ-वहाँ अहाते और घर के बाहरी चबूतरे पर पसर गए। तनिक सुस्ता लें, भोर होते ही फिर अन्त्येष्टि में लग जाना है।

"दीदी! ओ दीदी! द्वार खोलो।" भोर होते ही सेविका बासन्ती धीमे-धीमे द्वार खटखटा रही थी।

"लगता है, दीदी सो गई है।" सोचकर बासन्ती ने दरवाजा ठेल दिया।

सामने का दृश्य देखकर वह अवाक् रह गई—दीदी सचमुच सो रही थी, गहरी नींद में, सुषुप्तावस्था में...।

आँगन में खड़े कुछ और लोग कक्ष के भीतर आ गए। सब विस्फारित नेत्रों से परिमल दादा के पलँग की ओर देख रहे थे। पूरा पलँग पुष्पपर्यंक में बदल चुका था। बेला और जूही के एक-एक फूल को बड़े सुरुचिपूर्ण ढंग से दादा की देह पर सजाया गया था। इस पुष्पजाल में केवल उनका मुख अनावृत्त था। चरणकमल श्वेतकमलों से आच्छादित थे। दीदी ने रातभर जागकर अपने सुहाग का ऐसा अनूठा शृंगार किया था—एक-एक फूल उस मलेच्छन के समर्पण की गन्ध से महक रहा था।

पलँग के सिरहाने नैन्सी एक सम्पूर्ण नयनतारा बनी सो रही थी। शरीर पर गौरोद साड़ी, माथे पर कुंकुम, माँग भर सिन्दूर, पैरों में आल्ता, कलाइयों के शंख-पोला आज विशेष रूप से दमक रहे थे। उसके रोम-रोम से तेज फूट रहा था—उसके सौभाग्य का...उसके सतीत्व का...।

बासन्ती ने निकट जाकर कोमलता से पुकारा—"दीदी...।"

दीदी का हाथ छुआ तो बर्फ-सा ठंडा। शरीर में झुरझुरी दौड़ गई।

"दीदी..." बासन्ती की मर्माहत पुकार घर की दीवारों को भेदकर बाहर तक कौंध गई। सूरज की किरणों ने खिड़की की जाली से छनकर नयनतारा के कपोलों का स्पर्श किया। नैन्सी के निन्दक आज नयनतारा के उपासक बने गंगा-जमना बहा रहे थे।

प्रतिदान

दर्ज़नों कैमरों की चकाचौंध के बीच डॉ. आशुतोष उपाध्याय ने नीलांजना को शॉल भेंटकर प्रशस्ति-पत्र थमाया तो टैगोर मेमोरियल का सभागार तालियों की गड़गड़ाहट से गूँज उठा। नीलांजना के जीवन का यह विलक्षण पल था...समूचे संघर्ष का प्रतिफल। हृदय में जमी कुंठा आज तरल हो उठी, शरीर का रोआँ-रोआँ पुलकित था। आत्मा पर का बोझ हट गया और देह फूल-सी हल्की प्रतीत हो रही थी। ऐसा रोमांच तो पिछले पखवाड़े राष्ट्रपति भवन के अशोक हॉल की उस गरिमामयी कुर्सी पर बैठकर भी न हुआ था जैसा आज हो रहा है।

हालाँकि कुर्सी पर बैठने की ख्वाहिश बचपन से अंजू ने पाल रखी थी। जब-जब गाँव के स्कूल में आधी छुट्टी की घंटी बजती अंजू खाने का डिब्बा हाथ में उठाए चिरपरिचित पगडंडी के रास्ते उड़नपरी-सी कुछ ही पलों में पिता के सामने प्रकट हो जाती। घोष बाबू खाली क्लासरूम में जमीन पर बिछी दरी पर ही आसन जमाते और खा-पीकर वहीं थोड़ा ऊँघ लेते। अंजू बाहर कूद-फाँद करते बच्चों को देखकर तनिक भी लालायित न होती। भोजनावकाश में पिता की कुर्सी पर उचककर बैठ जाना और टेबल पर कोहनियाँ टिकाकर अपनी अंजलियों के कटोरों में नन्हे से मुख को स्थापित करना या कभी-कभी टेबल पर पड़ा रूल उठाकर बाएँ हाथ की हथेली को उससे थपथपाना—ये सब उसके पसन्दीदा क्रियाकलाप थे जिनके कारण वह

कभी बाबा का खाना लाने में कोताही न करती।

जब भी कोई पूछता--"अंजू! बड़ी होकर क्या बनोगी?"

"टीचर।" वह आँखें नचाते हुए तपाक से उत्तर देती।

भवानी शंकर घोष पन्द्रह वर्षों से गाँव के इस प्राथमिक विद्यालय में पढ़ाते थे। हृदय से सरल, मलिन वस्त्रधारी इस शिक्षक का आचरण पवित्र था और विचार ऊँचे थे। इकलौती बेटी के लिए वे महत्त्वाकांक्षी भी थे, पर यह महत्त्वाकांक्षा धन या पद की नहीं वरन् विद्या और ज्ञान की थी।

बेटी को बार-बार कहते–"खुकू! तू टीचर बनेगी पर मेरी तरह फटीचर नहीं बल्कि कलकत्ता विश्वविद्यालय में तू प्रोफेसर बनेगी–प्रोफेसर नीलांजना घोष।" घोष बाबू की पुतलियों में एक सपना तैरने लगता।

गाँव और कस्बे में स्कूली शिक्षा पूरी करने के बाद अंजू को बड़े जतन से घोष बाबू ने शहर के कॉलेज में भेजा। ग्रेजुएट बनने के बाद जात-बिरादरी के लोगों ने नौकरी करने के सुझाव दिए। कुछ ने बेटी को ब्याह कर निश्चिन्त हो जाने की भी राय दी पर गाँव के स्कूली मास्टर के दिमाग में बरसों पहले पल रहा सपना करवट बदलने लगा। 'ज्ञाने व्यसनम्' के समर्थक घोष बाबू बेटी को एम.ए., पी-एच.डी. कराकर विदुषी बनाना चाहते थे।

पिता की आर्थिक दुरावस्था और माँ के स्वास्थ्य को लेकर वह सदा चिन्तित रहती। भग्न हो जानेवाले सपनों की छत को वह और नहीं ढोना चाहती थी।

"बाबा मुझे कलकत्ता में एल.आई.सी. में एक नौकरी मिल रही है। सोच रही हूँ ज्वाइन कर लूँ।" अंजू ने अपना विचार प्रकट किया।

पर घोष बाबू का फैसला कुछ और ही था। "अंजू! कलकत्ता तो तू जाएगी पर नौकरी करने नहीं, ऊँची पढ़ाई करने। तुझे प्रोफेसर बनना है। ऊँची कुर्सी पर बैठना है। मेरी तरह टीचरी नहीं करनी है और न ही एल. आई.सी. की नौकरी करनी है।"

पिता के दृढ़ निर्णय को वह फेर न सकी और एम.ए. करने के बाद पी-एच.डी. में दाखिला उसके जीवन की ऐतिहासिक उपलब्धि थी।

"बाबा, आपको मेरे लिए अब पैसे भेजने की कोई जरूरत नहीं है।

आखिर कब तक आप मेरा भार ढोते रहेंगे? मैं ट्यूशन पढ़ाकर अपना खर्च निकाल लूँगी।'' अंजू ने आगे की योजना बताई।

''नहीं अंजू! पी-एच.डी. की पढ़ाई कोई खेल नहीं है। बहुत तपस्या करनी पड़ेगी, दिमाग खपाना होगा। ट्यूशन करके थक जाएगी तो अपनी पढ़ाई क्या खाक करेगी?...अभी मैं जिन्दा हूँ...'' बोलते-बोलते घोष बाबू की देह थरथराने लगती पर वाणी में फौलादी इरादे सदा झलकते।

एम.ए. की परीक्षा में मैरिटलिस्ट में नाम आने से नीलांजना को कलकत्ता विश्वविद्यालय के सोशियोलॉजी विभाग के हैड ऑफ द डिपार्टमेंट के मार्गदर्शन में शोध करने के लिए चुन लिया गया। जो एक जानदार कैरियर की शानदार शुरुआत जैसा था।

शोध का विषय निर्धारित होने के बाद संध्या को कालीबाड़ी जाकर अंजू ने दुखहारिणी देवी के आगे मस्तक नवाया और अपने बृहद् शोध कार्य की निर्विघ्न समाप्ति की प्रार्थना की।

आकाश में उड़ती पतंग यदि जानती कि वह कट भी सकती है तो शायद इतनी ऊपर आती ही नहीं, पर न तो उड़ना उसके वश में होता है न कटना।

नीलांजना का उच्च शिक्षाप्राप्ति का ध्येय वास्तव में उसके पिता का ख्वाब था। वे ही इसके द्रष्टा थे और वे ही स्रष्टा। पर कटी पतंग की तरह नीलांजना के सपने बार-बार विदीर्ण हुए। उसे कुछ ऐसे कटु अनुभव हुए जिन्होंने उसकी सारी योजनाओं को छिन्न-भिन्न कर दिया।

धीरे-धीरे वह विश्वविद्यालयों में व्याप्त भ्रष्टाचार, कुनीतियों, शोषण और अराजकता से वाकिफ होने लगी। अनेक लब्धप्रतिष्ठ नाम अनैतिकता से जुड़े थे। सरस्वती के मन्दिर में धनलोलुपता चाटुकारिता और पक्षपात के दानवों का साम्राज्य था। अनेक वरिष्ठ और प्रतिष्ठित प्रोफेसर शोधार्थी छात्रों से अपना निजी कार्य कराते व छात्राओं से देर शाम तक अपने चेम्बर में गपियाते।

नीलांजना के गाइड झक सफेद अद्‌दी के कुर्ते और चुन्नटदार धोती में देवताओं के गुरु वाचस्पति प्रतीत होते। गौरवर्ण, तेजस्वी रूप, चौड़ा ललाट और आँखों पर चश्मा—लगता कोई दिव्य पुरुष आ रहे हों।

नीलांजला जब भी उन्हें देखती श्रद्धा से नत हो जाती। अपने भाग्य को सराहती।

पर शनैः-शनैः उसका मोह भंग होने लगा। उसके गाइड जब भी आर्ट्स फैकल्टी के गलियारों से गुजरते, छात्रों की एक टोली दाएँ-बाएँ चलते हुए उन्हें सुशोभित करती। प्रत्यक्षदर्शियों के बीच हैड ऑफ द डिपर्टमेंट सबसे लोकप्रिय शिक्षक थे। नीलांजना को भी यही भ्रम था पर धीरे-धीरे वह जान गई कि ये सब उनके श्रद्धालु शिष्य नहीं वरन् चेले-चपाटे हैं जो नेताओं के चमचों की तरह उन्हें घेरे रहते।

गाइड महोदय के कोई पुत्र न था। अधिकतर शोधार्थी उनके सभी घरेलू काम करते। उनकी सब्जी-भाजी लाने से लेकर बिजली के बिल जमा करने, गैस बुक कराने और घर में रंग-रोगन करवाने तक के सभी छोटे-बड़े काम बिना ना-नुकुर के वे करते। कई बार गाइड महोदय के परिवार यानी पत्नी और बेटियों को किसी रात्रिभोज के लिए पहुँचाने का जिम्मा भी ये लड़के ही उठाते। नीलांजना का एक सहपाठी चन्दन सम्पन्न घर का लड़का था। प्रायः कार से यूनिवर्सिटी आता। वह सर को बहुत प्रिय था क्योंकि परिवार को सैर-सपाटे ले जाने के लिए वह ड्राइवर बनकर अपना छात्रधर्म निभाता।

एक ओर मंजुला सर की कृपापात्र थी, क्यूँ ना हो उसके मंत्री पिता ने गुरुजी के यहाँ वी.आई.पी. कोटे से टेलीफोन कनेक्शन जो लगवा दिया था। कभी रेलवे टिकट की समस्या हो या नए गैस कनेक्शन की—मंजुला के माध्यम से सब हल हो जाती। अनुराधा बक्शी के ड्राइवर को कई बार नीलांजना ने लाल सेब और चैरी की पेटियाँ गाइड महोदय के आवास ले जाते देखा था।

छात्रावास में रहनेवाली कुछ लड़कियाँ शाम ढले तक अपने-अपने गाइड के साथ एकाकी चेम्बर में बैठी रहतीं। इनके बारे में कुछ आपत्तिजनक बातें सुनकर नीलांजना को बहुत अटपटा लगता। पर शिक्षा के इन गलियारों से होते हुए शोधार्थियों की शोधयात्रा किन-किन पड़ावों से गुजरती है, इसका आभास अब उसे होने लगा था। अनेक भद्रजनों का शोधार्थियों के प्रति यही रवैया था। पर अपने गाइड के बारे में उसने इस

तरह की कोई बात नहीं सुनी थी न ही कभी उनकी भावभंगिमा में चारित्रिक पतन जैसी वस्तु दृष्टिगोचर हुई थी। हाँ, पक्षपात, सम्पन्न छात्र-छात्राओं से लाभ उठाना, उनकी सेवाएँ लेना और उनसे घिरे रहकर शक्ति प्रदर्शन करना उनका शौक अवश्य था।

छात्रों की धुरंधर सेना में नीलांजना ही एकमात्र उदाहरण थी जो अपनी विपन्नता, निस्पृहता और तटस्थता के कारण किसी के आकर्षण का केन्द्र न बन पाई। सर को कभी उसमें कोई सम्भावना दिखाई न देती। तभी तो वे प्रायः उसके प्रति रुक्ष हो जाते। उसके द्वारा किए शोधकार्य के कई चैप्टर बिना पढ़े ही काट देते। जब भी वह उनके चेम्बर में जाती, उसे कोई तरजीह न दी जाती बल्कि प्रायः किताबों के नामों की लम्बी-सी फहरिस्त थमा दी जाती कि अमुक लाइब्रेरी से ये पुस्तकें या ये सन्दर्भ खोजकर लाओ। नीलांजना का मन खिन्न हो उठता। वह क्षुब्ध रहने लगी। आज तक अपनी तपश्चर्या और मेधा से आगे बढ़नेवाली इस शोधार्थी को समझ नहीं आ रहा था कि वह अपने गुरु को कैसे प्रसन्न करे। उसके कई सहपाठी तीन-चार वर्ष होते-होते थीसिस जमा कर अपने गाइड की कृपा से कहीं-न-कहीं सैटल हो गए थे, पर उसका थीसिस कोई आकार ही नहीं ले पा रहा था।

एक दिन अचानक खबर आई कि माँ अस्पताल में भर्ती है, फौरन आओ। पर हाय, माँ तक पहुँच पाती, इससे पूर्व ही माँ अन्तिम साँस ले चुकी थी। पिता विक्षिप्त-से हो गए। खटिया पकड़ ली। अगले छह माह तक अंजू कलकत्ता नहीं जा पाई। पिता के आग्रह पर पुनः गई पर दो महीने बाद ही लौटना पड़ा, क्योंकि अब उसके शीश पर कोई वितान न था। पिता जीवनभर माँ की देखभाल करते रहे आखिर परलोक में उसे अकेले कैसे छोड़ते।

अनाथ अंजू ने अनेक रिश्तेदारों को जाँचा-परखा। अन्त में अपनी सरपरस्त खुद ही बनकर गाँव की अवशिष्ट भूमि बेच-बाचकर वापस कलकत्ता आ गई।

पहले छह महीने और अब पुनः चार महीने का अन्तराल। गाइड महोदय काफी कुपित थे। नीलांजना के मातृ-पितृशोक का समाचार जानकर

उनका रोष कुछ कम हुआ और नीलांजना के अधूरे शोधकार्य को पूरा करवाने की अनमने मन से स्वीकृति दे दी।

अंजू ने दो ट्यूशनें पकड़ी। चीड़ी-मुड़ी खाकर दस-दस, बारह-बारह घंटे रीसर्च-फ्लोर पर बैठकर पूर्वसंगृहीत शोधसामग्री का समन्वयन करती। मोटे-मोटे पोथे खरीदती। उनका पठन-मनन और निदिध्यासन—यही उसकी दिनचर्या थी। लाइब्रेरी उसके आगमन के बाद खुलती और चपरासी उसे लाइब्रेरी बन्द होने की सूचना देकर जाने का आग्रह करता।

भाई-भतीजावाद और पक्षपात जैसी विकृतियों से ग्रसित शिक्षण-संस्थाओं में जो शोघार्थी इधर-उधर से कट एंड पेस्ट शैली में शोधकार्य करते हैं उन्हें शायद नीलांजना की दुरूह शोधयात्रा में अतिवादिता दिखाई दे किन्तु एक विपन्न, साधनहीन, सच्ची छात्रा के विशुद्ध शोधकार्य को ऐसी बाधावीथियों से गुजरना ही पड़ता है।

तीन महीनों के अथक प्रयास के बाद अंजू ने रिकार्ड समय में अपना थीसिस पूरा किया। टाइपिंग-बाइंडिग आदि कराने में बीस-पच्चीस दिन और लगे। अन्त में वह महत्त्वपूर्ण दिन आ ही गया।

अपने मोटे थीसिस की चार प्रतियों का बोझ आज उसे कितना सुखद लग रहा था। गाइड के हस्ताक्षर की बगल में अपने हस्ताक्षर करते हुए उसे गजब की अनुभूति हो रही थी।

''सर, थैंक्यू सो मच।'' कृतज्ञता से विनत अंजू की आँखें छलछला गईं। तेजी से रजिस्ट्रार ऑफिस की तरफ बढ़ते हुए उसने एक बार आकाश की ओर देखा। बादलों के झुरमुट में बाबा की मुखाकृति उभर आई। सिर पर बाबा के हाथ का स्पर्श...उसे झटका लगा। पीछे से आती मोटरसाइकिल के हॉर्न से वह चौंक पड़ी।

रजिस्ट्रार ऑफिस में उससे पूर्व आज आठ छात्र-छात्राएँ और थे जिन्हें अपना थीसिस जमा करना था। दिल में अभी भी कुछ धुकधुकी लगी थी।

'हाथी निकल गया, बस अब पूँछ बाकी है' अंजू ने स्वयं को सान्त्वना दी। अन्त में उसकी बारी आई।

''आइ एम सॉरी, योर नेम इज नॉट इन द लिस्ट।'' जमाकर्ता

महोदय ने सूचना दी।

अंजू पर घड़ों पानी पड़ गया, अचानक एंटी क्लाइमेक्स...

"बट सर, हाऊ इज इट पॉसिबल? यह कैसे हो सकता है?"

"गो एंड आस्क योर गाइड, छह महीने पूर्व वे आपका नाम कटवा चुके हैं।"

अंजू टूटे मन से उलटे पाँव गाइड के चेम्बर की ओर लपकी। जैसे स्टेशन पर गाड़ी छूट जाने पर यात्री अगले स्टेशन से उसे पकड़ने की कोई जुगत भिड़ाता है, ऐसा ही प्रयास अंजू को भी करना होगा। फिर कोई अड़ँगा न लग जाए। अन्ततः गाइड की अनुशंसा पर यूनिवर्सिटी ने उसे पुनः रजिस्ट्रेशन की अनुमति दी। आवश्यक राशि जमा कराने की कठिन कागजी कार्यवाही से गुजरने के बाद अंजू का थीसिस जमा हो पाया।

जैसे अत्यन्त पिपासु व शुष्क होंठों को बूँद-बूँद करके जल मिलने से सहज तृप्ति नहीं मिलती ठीक वैसे ही अंजू का निरूत्साहित मन इन अनपेक्षित घटनाओं के बाद बुझ-सा गया। उसे पी-एच.डी. पूरी करने की कोई खुशी, कोई उल्लास न था।

उसका परिणाम आने में कम-से-कम तीन महीने लग सकते हैं—तब तक बैठा नहीं जा सकता, जीविका हेतु भी कुछ करना होगा। पर क्या करें?

अंजू को ज्यादा नहीं सोचना पड़ा। अपने शोधकार्य में एक सर्वेक्षण के दौरान उसे असम के एक सुदूर देहाती इलाके में जाना पड़ा था, जहाँ सरकारी स्कूल की जीर्ण-शीर्ण इमारत तो थी पर न कोई शिक्षक था न शिक्षार्थी।

अंजू ने मन में ठाना कि वह उस विद्यालय को चलाएगी। सो बोरिया-बिस्तर लेकर वह बाँकुरा गाँव पहुँच गई। सरपंच से मिलकर अपने रहने का अस्थायी बन्दोबस्त कराया व अपने आने का उद्देश्य बताया।

खा-पीकर खटिया पर पसर गई। माँ की छवि...बाबा का चेहरा... बाबा की कक्षा की कुर्सी पर बैठना...स्कूल-कॉलेज की पढ़ाई...अपने छोटे-छोटे सपने...बाबा का बड़ा-सा ख्वाब...एम.ए....फिर पी-एच.डी., ढेर सारी कड़वी यादें...अपने गाइड के सौम्यमुख से झरती कटुक निबौरी-सी बोली...यू आर होपलेस...यू विल नेवर बी एबल टू फिनिश योर रिसर्च आज

सब अंजू फिर से देख रही थी, सुन रही थी।

उसके अधिकतर सहपाठी वह सब्जी-भाजी लानेवाला महेश भार्गव, ड्राइवरी करनेवाला चन्दन मित्रा, मंत्री की बेटी अंजना त्यागी और सर की बेटी की शादी में कार्ड छपवाने से कार्ड बाँटने तक का काम करनेवाले अनिरुद्ध और गणेश सब किसी-न-किसी कॉलेज में अध्यापन कार्य में लग चुके हैं। महेश भार्गव का सर की सिफ़ारिश से जापान की एक शिक्षण-संस्था में नियोजन हो गया है और वह हीरोनुमा अनिकेत अभी वाशिंगटन में है।

लोग दीया वहाँ क्यों जलाते हैं जहाँ पहले से ही रोशनी होती है—शायद इसलिए कि रोशनी में दीया जलाना आसान होता है। अंजू के तिमिर प्रछन्न जीवन में कोई दीया जलाने नहीं आया। इसीलिए आज उसने खुद ही अपनी राह रौशन करने का बीड़ा उठाया है।

'सुबह डी.ई.ओ. से मिलने जाना है।' अपनी योजना याद दिलाते हुए उसने पलकों के कपाट बन्द किए और खुद को सोने का आदेश दिया।

आज चार वर्ष हो गए—तीन बच्चों से शुरू किए प्राथमिक विद्यालय में अगल-बगल के पाँच गाँवों के लगभग एक सौ बीस बच्चे हैं। प्रशासन की मदद कभी पूरी तरह न मिल पाई तो तीन शिक्षिकाओं के दल की वरिष्ठ सदस्या नीलांजना अपनी पूरी तनख्वाह इस स्कूल में झोंक देती है। कभी गिरती दीवार की मरम्मत, कभी पुताई, कभी अतिरिक्त पुस्तकों की खरीददारी, तो कभी बच्चों को प्रतियोगिताओं में पुरस्कार-वितरण हेतु राशि की आवश्यकता—नीलांजना का हाथ कभी नहीं रुकता, भले ही जेब खाली हो जाए।

इन चार वर्षों में पी-एच.डी. की उपाधि मिलने के बाद एक और ऐसी घटना घटी जिसने नीलांजना को सदा के लिए इस ग्रामीण विद्यालय से जोड़ दिया।

उसे वर्धमान विश्वविद्यालय से साक्षात्कार के लिए बुलावा आया। दो माह पूर्व उसने आवेदन भेजा था। इंटरव्यू बोर्ड में छह सदस्यीय समिति के

बीच अपने गुरु को देखकर वह स्तब्ध रह गई। क्या नियति उसके अन्य सहपाठियों की तरह उसकी झोली में भी आज सफलता का प्रतिफल डालना चाहती है...शायद हाँ...तभी तो ऐसा संयोग बना है कि...मेरे ही गाइड मेरे इंटरव्यू बोर्ड में...

पर हतभागिनी नीलांजना नहीं जानती थी कि यहाँ भी विफलता ही हाथ लगेगी। कहीं गाइड की उपस्थिति तो इस विफलता का कारण नहीं? नहीं...नहीं...मुझे ऐसा नहीं सोचना चाहिए—

वे मेरे गुरु हैं...आदरणीय हैं...पर क्या मैं उनकी शिष्य-परम्परा की एक कड़ी नहीं हूँ ? मुझे वह नेह क्यों न मिला जो शेष सबों को मिला...मेरे अंक सदा उनसे अधिक आते थे...पर उससे क्या, मुझसे तो सर को कभी कुछ प्राप्ति नहीं हुई...खैर...।

उस घटना के बाद अंजू ने थीसिस की अपनी प्रति को एक कपड़े में लपेटा और एक पुराने बक्से में रख दिया। मन वितृष्णा से भर उठा। अपने अथक परिश्रम का संचित प्रमाण यह थीसिस आज के बाद उसकी आकांक्षाओं का शव बना इसी बक्से में दफन रहेगा। उसने बाबा से मन-ही-मन माफी माँगी, उनका वह सपना पूरा न कर पाने की क्षमायाचना।

चौदह वर्षों बाद राम के वनवास का अन्त हुआ था। नीलांजना ने भी अपने स्कूल में चौदह वर्ष बाधाविघ्न-विपदाओं से लड़ते हुए काटे और स्कूल को उच्चतर माध्यमिक स्तर तक पहुँचा दिया।

राम के अयोध्या परावर्तन पर घी के दीये जलाए गए थे। आज इस गाँव के साथ-साथ निकटवर्ती क्षेत्र में भी नीलांजना के कीर्तिदीप प्रज्वलित हो रहे हैं क्योंकि उसे राष्ट्रपति की ओर से सर्वश्रेष्ठ शिक्षिका के सम्मान हेतु चुना गया है।

राजधानी से पुरस्कार लेकर लौटने के बाद से ही गाँव के मुखिया, नगर पार्षद, विधायक सभी नीलांजना का गुणगान करते न अघाते। भव्य-समारोह के रूप में वे उसका अभिनन्दन करना चाहते हैं। मंत्री के हाथों इस तपस्विनी शिक्षिका का स्वागत करवाया जाएगा। शहर का सबसे बड़ा हॉल बुक कराया जा रहा है। नीलांजना के पास गणमान्य लोग व जनप्रतिनिधि तारीख तय करने पहुँचे तो उसने एक अटपटी-सी शर्त रखी कि वह यह

अभिनन्दन स्वीकार करेगी पर किसी मन्त्री या विधायक से नहीं वरन् अपने गुरु डॉ. आशुतोष उपाध्याय के हाथों से।

"चलिए मैडम...लंच के लिए चला जाए।" मुख्य आयोजक के शब्दों ने नीलांजना को वर्तमान में ला खड़ा किया।

लंच के बाद डॉ. आशुतोष उपाध्याय चलने को उद्यत हुए तो नीलांजना के हाथ प्रणाम की मुद्रा में जुड़ गए।

"सर, थैंक्यू! आपने यहाँ आकर मुझ पर बहुत बड़ा उपकार किया है।"

"नहीं नीलांजना, उपकार मैंने नहीं, तुमने किया है। बहुत बड़े-बड़े लोग तुम्हें यह सम्मान दे सकते थे पर मुझे हैरानी हुई कि तुमने इस रिटायर्ड प्रोफेसर को इस कार्य के लिए चुना। आखिर क्यों?"

"सर, मैं कभी अपने आपको प्रूव नहीं कर पाई। आपको कुछ नहीं दे पाई।" अंजू की आवाज भर्रा गई।

"तुमने आज मुझे सबसे बड़ी गुरुदक्षिणा दी है। मेरे बहुत सारे स्टूडेन्ट्स मेरे नाम से जाने और पहचाने जाते हैं पर आज मंच पर मेरा परिचय तुम्हारे गुरु के रूप में दिया गया। मैं धन्य हूँ, कृतकृत्य हूँ।"

"सर, आप सच कह रहे हैं।" उम्र के इस दौर में अंजू का मन एक बालक-सा मचल उठा, उसकी आँखों में अपूर्व चमक थी।

"हाँ नीलांजना, तुमने आज एक कीर्तिमान स्थापित किया है...खुश रहो...खूब नाम कमाओ।"

"सर, आपसे अन्तिम आग्रह है कि मेरी कुटिया में चलें।" नीलांजना के अनुरोध को प्रोफेसर ठुकरा न सके।

उसका घर सचमुच एक कर्मयोगिनी की कुटिया जैसा था। नीलांजना पुराने बक्से से दस-बारह बरस पूर्व रखे अरमानों के ताबूत उस थीसिस को निकाल लाई और प्रोफेसर उपाध्याय के समक्ष रखते हुए अनुनय किया—"सर, इस थीसिस ने मुझे बहुत दुख दिए हैं। सागर की लहरें बूँद बनकर फिर उसी में आ गिरती हैं। मैं भी आपसे अर्जित ज्ञान आप ही को समर्पित कर रही हूँ। यह मेरे किसी काम का नहीं।" नीलांजना की आँखें डबडबा उठीं।

प्रोफेसर आशुतोष स्तब्ध थे। आत्मग्लानि उन्हें कचोट रही थी। नीलांजना के शब्दों में बसी पीड़ा उनकी आत्मा को कोंच रही थी।

निःशब्द रहते हुए उन्होंने हाथ बढ़ाकर थीसिस थाम लिया और बाहर निकल आए।

छह महीने बाद अंजू को यूनिसेफ के दफ्तर से एक चिट्ठी आई कि उसे पेरिस के मुख्य कार्यालय में एक विशेष परियोजना के कार्यान्वयन हेतु मुख्य सलाहकार नियुक्त किया गया है। प्रोजेक्ट का शीर्षक पढ़कर वह दंग रह गई। यह तो उसके शोध का विषय था-- वेल्फेयर ऑफ अ चाइल्ड इन डेवलपिंग कन्ट्रीज।

उसने यूनिसेफ के दफ्तर फोन किया तो पता चला कि बाँकुरा से जाते ही प्रोफेसर उपाध्याय ने उसका थीसिस भारत सरकार के पास विचार हेतु भेजा था और उसके द्वारा प्रस्तावित योजना को स्वीकार करने की सिफारिश की थी। फिर सरकार द्वारा यूनिसेफ के लिए अनुशंसा कराने एवं अन्य कागजी कार्यवाही में छह महीने से वे प्रयासरत थे। अन्ततः एक गुरु की साधना सफल हुई और उसी का परिणाम वह चिट्ठी थी जो यूनिसेफ के दफ्तर से आई थी।

नीलांजना ने खिड़की के बाहर आकाश की ओर देखा। आज फिर से बादलों में बाबा का अक्स उभर आया, पर आज शीश पर बाबा का नहीं डॉ. उपाध्याय के हस्तारविन्द का स्पर्श उसे अभिभूत कर गया। अपने गाइड के इस प्रतिदान पर वह गद्गद् हो उठी।

●●●